Titelrezept

Dunkelrote Erdbeer-Konfitüre

Raffiniert

ergibt etwa 5 Gläser zu je 200 ml

Zubereitungszeit: 25 Minuten

Insgesamt:
E: 8 g, F: 4 g, Kh: 579 g, kJ: 10214, kcal: 2440

Tipp:
Schwarzer Johannisbeernektar gibt in kleinen Mengen jeder Erdbeerkonfitüre für lange Zeit eine besonders schöne Farbe.

Zutaten:

900 g	Erdbeeren (vorbereitet gewogen)
100 ml	schwarzer Johannisbeernektar (Handelsware)
1 Pck.	Dr. Oetker Finesse Orangenfrucht
500 g	Zucker
1 Beutel (25 g)	Gelfix Extra 2:1

1. Erdbeeren waschen, abtropfen lassen, entstielen, klein schneiden und 900 g abwiegen.

2. Erdbeerstückchen, Johannisbeernektar und Orangenfrucht in einen großen Kochtopf geben. Zucker mit Gelfix Extra mischen und mit der Fruchtmasse verrühren.

3. Die Zutaten unter Rühren bei starker Hitze zum Kochen bringen und mindestens 3 Minuten unter ständigem Rühren sprudelnd kochen lassen. Den Topf von der Kochstelle nehmen.

4. Kochgut eventuell abschäumen und sofort randvoll in vorbereitete Gläser füllen. Gläser mit Twist-off-Deckeln® verschließen, umdrehen und etwa 5 Minuten auf dem Deckel stehen lassen.

Dr. Oetker

Marmelade

Dr. Oetker

Marmelade

Dr. Oetker Verlag

Vorwort

Konfitüre, Marmelade und Gelee –
mehr als Aufstrich fürs Frühstücksbrötchen.

Für die Süßschnäbel unter den Frühstückern kommen hier mehr als 50 verführerische Rezepte für einen fruchtigen Start in den Tag. Neben den Klassikern finden Sie hier Neues in ungewohnter Fülle.

Wir helfen Ihrer Phantasie auf die Sprünge: mit heißen Kombinationen wie Erdbeer-Chili und Sauerkirsch-Grüner Pfeffer oder duftigen wie Gelbe-Pflaumen-Lavendel und Weintrauben-Duftrosen.

Danach werden sich Familie und Freunde die Finger lecken. Denn Sie wollen diese Köstlichkeiten doch nicht für sich behalten. Lassen Sie liebe Menschen an Ihren Kreationen teilhaben und entdecken Sie neue Verwendungsmöglichkeiten für Konfitüren, Marmeladen und Gelees.

Wie wäre es mit Kräutergelee zur Käseplatte, Preiselbeerkonfitüre mit Portwein zum Rotkohl, Sauerkirschgelee mit grünem Pfeffer zum Wildbraten, Apfel-Limetten-Gelee zu gegrilltem Schwein oder Pute, Herbsüße Himbeer-Orangen-Konfitüre in die Quarkspeise und Feigenkonfitüre mit Kumquat und Ingwer zum Fondue.

Ganz abgesehen davon, dass Sie mit Konfitüren, Marmeladen und Gelees auch backen können. Sie können Biskuitböden mit erwärmter Konfitüre oder Gelee bestreichen, Plätzchen mit Gelee zusammensetzen oder überglänzen und sparen sich den Tortenguss, wenn Sie Obstkuchen mit erwärmtem Gelee überziehen.

Viel Spaß beim Ausprobieren, Schmecken und Genießen!

Ratgeber

Begriffserklärungen

Eine Konfitüre ist eine streichfähige Zubereitung aus Zuckerarten und einer oder mehreren Fruchtsorten.

Eine Marmelade ist eine streichfähige Zubereitung aus Zuckerarten und Zitrusfrüchten.
Als Gelees bezeichnet man streichfähige Zubereitungen aus Zuckerarten und dem Saft einer oder mehrerer Fruchtsorten.

Früchte

Egal ob die Früchte aus dem eigenen Garten, vom Händler oder selbst gepflückt von Obstplantagen stammen: Qualität ist auch hier das beste Rezept! Verwenden Sie ausschließlich reife, einwandfreie Früchte zur Herstellung von Konfitüren, Marmeladen und Gelees. Nur Früchte von bester Qualität geben Ihren „Einmach-Schätzen" das fruchtig-frische Aroma und die verführerische, leuchtende Farbe. Überreife oder beschädigte Früchte sind ungeeignet.

Viele Obstsorten sind heute fast das ganze Jahr über erhältlich, allerdings zu sehr unterschiedlichen Preisen und von unterschiedlicher Qualität. Früchte, die bei uns zum richtigen Zeitpunkt geerntet und auch nicht über weite Strecken transportiert werden, haben den vollen Geschmack und das beste Aroma. Auch tiefgefrorene Früchte eignen sich hervorragend zur Herstellung von Konfitüren, Marmeladen und Gelees. Größere Obstmengen, die besonders zur Erntezeit anfallen, können vorbereitet (d. h. gewaschen, geputzt, entkernt usw.) und ungezuckert für den späteren Verbrauch eingefroren werden. TK-Früchte bleiben so ganz unabhängig von der Jahreszeit „erntefrisch" und behalten weitgehend ihre Farbe. Sie sind vor allem für Ihre schnellen, spontanen Einmach-Ideen bestens verwendbar: Wiegen Sie die TK-Früchte gefroren, tauen Sie diese dann erst auf, pürieren Sie sie je nach Frucht grob oder fein und verwenden Sie den entstehenden Saft bei der Zubereitung mit.

Einmachprodukte

Für die schnelle und einfache Zubereitung von Konfitüren, Marmeladen und Gelees werden verschiedene Geliermittel angeboten, die bei Dr. Oetker Pektine enthalten. Pektin bildet die Basis des Geliervorgangs und ist als natürlicher Bestandteil in fast allen Früchten enthalten. Je unreifer die Früchte sind, desto mehr Pektin enthalten sie und umso fester ist die Konsistenz. Mit zunehmender Reife der Früchte baut sich das Pektin immer mehr ab, und die Festigkeit verringert sich. Beim Einmachen fügen Sie den Früchten Pektin mit dem Gelierzucker oder Gelierpulver zu. Das Pektin bildet nach kurzem Erhitzen bei der Zubereitung zusammen mit dem Frucht-Zucker-Säure-Gemisch während des Erkaltens ein festes Zell-Gerüst, auch „Gel" genannt, weshalb dieser Prozess auch als „Gelierung" bzw. „Geliervorgang" bezeichnet wird. Pektine in den Dr. Oetker Gelierzuckern und -pulvern werden ausschließlich aus Äpfeln oder Zitrusfrüchten gewonnen.

Dr. Oetker Gelfix Classic ist ein Gelierpulver für klassisch süße Konfitüren, Marmeladen und Gelees. Hiermit werden Früchte und Zucker etwa im Verhältnis 1 : 1 verarbeitet.
Wer es gern fruchtiger und nicht so süß mag, liegt mit **Dr. Oetker Gelfix Extra**, einem Gelierpulver für extra fruchtige Konfitüren, genau richtig. Hier ist das Verhältnis Früchte zu Zucker 2 : 1.
Als dritte Alternative für super fruchtige Konfitüren gibt es **Dr. Oetker Gelfix Super**, ein Gelierpulver, bei dem Früchte und Zucker im Verhältnis 3 : 1 verarbeitet werden. Gelfix Super eignet sich auch für eine Zubereitung mit Fruchtzucker, Sorbit oder Flüssigsüße.
Besonders leicht geht die Arbeit mit **Dr. Oetker Extra Gelier Zucker** (2 : 1) und **Dr. Oetker Super Gelier Zucker** (3 :1) von der Hand, da bei diesen Produkten Zucker und Geliermittel bereits kombiniert sind.
Auch Diabetiker haben durch **Dr. Oetker Diät Gelier Fruchtzucker** und das bereits oben genannte **Dr. Oetker Gelfix Super** die Möglichkeit, selbst gemachte Konfitüren, Marmeladen und Gelees zu genießen.
Die Zugabe von **Dr. Oetker Zitronensäure** besonders zu Konfitüren, Marmeladen und Gelees aus sehr süßen Früchten dient der geschmacklichen Abrundung und unterstützt die Gelierung.

Geräte & Hilfsmittel

Zur Vorbereitung von Obst und Gemüse benötigen Sie Schneidebretter, scharfe Messer, Schüsseln und Abtropfsiebe.
Wenn die Zutaten vorbereitet sind, wird alles mit Hilfe einer exakt wiegenden Waage abgewogen. Eine gute Waage ist unerlässlich, da nur genau abgewogene Zutaten ein optimales Ergebnis garantieren. Alle in den Rezepten angegebenen Mengen gelten für bereits vorbereitete Früchte.
Die benutzten Kochtöpfe sollten aus Edelstahl oder Emaille sein, denn Aluminium kann zum Beispiel den Geschmack beeinträchtigen, weil die Fruchtsäure das Material angreift. Achten Sie darauf, dass in der Emaille keine Risse oder Sprünge sind, weil die Töpfe sonst von der Fruchtsäure angegriffen werden und der Inhalt einen metallischen Geschmack bekommen kann. Der Topf sollte mindestens einen Durchmesser von 24 cm und eine ausreichende Höhe haben. Er sollte höchstens zur Hälfte gefüllt werden. So kann genügend Flüssigkeit verdampfen und ein Überkochen wird vermieden.
Meistens schäumen Konfitüren, Marmeladen und Gelees nicht, da allen Dr. Oetker Geliermitteln ein Entschäumer zugesetzt ist. Nur bei sehr eiweißreichen Früchten (z. B. Erdbeeren) ist gelegentlich ein Abschäumen nötig. Der natürliche Schaum, der beim Kochvorgang entsteht, kann durch Lufteinschlüsse das Aussehen und die Haltbarkeit des Einmachgutes beeinträchtigen. Falls nach dem Kochen noch Schaum vorhanden ist, verwenden Sie zum Abschäumen am besten einen feinporigen Schaumlöffel.
Das Umfüllen des fertigen Kochgutes in die Gläser gelingt am besten mit einer Kelle. Dabei ist ein Einfüllring für ein sauberes Einfüllen hilfreich. Sollte der Glasrand doch schmutzig werden, müssen die Spritzer vor dem Verschließen der Gläser gründlich entfernt werden, um einen vorzeitigen Verderb des Glasinhalts zu verhindern.
Die verwendeten Gläser müssen einwandfrei in Ordnung sein. Sie sollten als Verschluss einen „Twist-off-Deckel" ® haben, der einen beschichteten Innenrand besitzt. Konsistenz, Aroma und natürliche Farbe bleiben dann besonders gut geschützt. „Twist-off-Deckel" ® verhindern am besten das Austrocknen und den Befall mit Mikroorganismen. Einmach- und Sichtfolie bietet keinen ausreichenden, dauerhaften Schutz.
Nehmen Sie keine zu großen Gläser. Am besten geeignet sind Gläser mit einem Inhalt von 370 ml (450 g) oder 200 ml (250 g). Dann müssen die Gläser nicht zu lange geöffnet aufbewahrt werden. Außerdem können Sie so für Abwechslung auf dem Frühstückstisch sorgen oder haben ein nettes Mitbringsel für gute Bekannte.
Reinigen Sie die Gläser vor jedem Gebrauch gründlich in heißem Wasser unter Zusatz eines handelsüblichen Spülmittels, spülen Sie sie in klarem Wasser nach und lassen Sie die Gläser umgedreht auf einem Geschirrtuch abtropfen. Auch in der Spülmaschine gereinigte Gläser noch einmal mit klarem Wasser nach

spülen, da Reste des Spülmittels im Glas verbleiben können und die Gelierung beeinträchtigen. Stellen Sie die vorbereiteten Gläser zum Einfüllen evtl. auf einen kleinen Porzellanteller um sauber arbeiten zu können.

Saftgewinnung für Gelees

Um ein Frucht-Gelee kochen zu können, benötigen Sie als Ausgangsprodukt den Saft der betreffenden Früchte. Bei den Produkten Gelfix Extra, Gelfix Super, Extra Gelier Zucker und Super Gelier Zucker ist es möglich, auch jeden im Handel erhältlichen Saft oder Nektar zu verwenden (außer Traubensaft). Ansonsten ist immer selbst hergestellter Saft zu verwenden.
Grundsätzlich sollten vor Arbeitsbeginn die Angaben der jeweiligen Gerätehersteller beachtet werden. Die Früchte sollten nicht zu lange entsaftet werden, da der Saft sonst zu stark verwässert und dadurch schlechter geliert.

Folgende Methoden sind zur Saftgewinnung **gut geeignet**:
- Früchte **ohne** Zuckerzugabe im Dampfentsafter entsaften und abkühlen lassen
- Kleinere Fruchtmengen **ohne** Zuckerzugabe mit Hilfe eines Schnellkochtopfes (mit Zubehör Siebeinsatz und ggf. Saftauffangschale) entsaften und abkühlen lassen
- Früchte evtl. klein schneiden, mit etwas Wasser weich kochen, den Saft anschließend durch ein Tuch ablaufen lassen und abkühlen lassen
- Zitrusfrüchte (z. B. Orangen oder Zitronen) können Sie einfach auspressen

Für Gelees **nicht so gut geeignet**:
- Fruchtsaft, der mit Hilfe einer elektrischen Zentrifuge gewonnen wird, ist zur Herstellung von Gelee nicht so gut geeignet. Daraus zubereitete Gelees können trübe und in der Konsistenz weicher sein. Durch Zelluloseteilchen im Saft kann das Gelee zudem grießig sein.

Allgemeine Zubereitungsregeln
- Wichtig ist es generell, auf höchste Sauberkeit zu achten, sowohl bei der Verarbeitung der Früchte, als auch bei allen Einmachgeräten. Schon kleinste Verunreinigungen können zum vorzeitigen Verderb der eingemachten Zubereitungen führen.
- Verarbeiten Sie die Zutaten entsprechend den Angaben im Rezept, denn nur so ist gewährleistet, dass Sie ein optimales Ergebnis erzielen.
- Während des Kochvorgangs ständig mit dem Rührlöffel rühren, damit die Masse nicht anbrennt und genügend Flüssigkeit verdampfen kann.
- Führen Sie bei Konfitüren, Marmeladen und Gelees eine Gelierprobe (siehe unten) durch.
- Das Kochgut wird direkt nach dem Kochen mit Hilfe einer Schöpfkelle und evtl. eines Einfüllrings **randvoll** in die vorbereiteten Gläser gefüllt. Lassen Sie die verschlossenen Gläser danach sofort umgedreht etwa 5 Minuten auf dem Deckel stehen. So kommt möglichst wenig Luft ins Glas und der Inhalt ist optimal vor Verderb geschützt.
- Bereiten Sie keine größeren Mengen auf einmal zu (laut Verpackungsempfehlung maximal eine Doppelkochung = doppelte Menge der Zutaten). Größere Mengen bedeuten längere Kochzeiten, schlechteres Durchkochen der Masse, Vitaminverlust und damit kein optimales Ergebnis in Festigkeit und Farbe der Zubereitung.
- Konfitüren, Marmeladen und Gelees können nach dem Kochen durch einen Schuss Likör, Rum, Obstbrand, Wodka usw. „hochprozentig" verfeinert werden. Die Gelierung wird davon bei geringen Mengen (3–4 Esslöffel) nicht beeinträchtigt. Bei Zugabe von größeren Mengen sollten Sie die jeweilige Frucht- oder Saftmenge entsprechend reduzieren und den Alkohol direkt mitkochen.

Die Tabelle soll Ihnen zeigen, wieviel Früchte (gewaschen, evtl. geputzt, entsteint, entstielt und grob zerkleinert) Sie etwa benötigen, um 1 Liter Fruchtsaft zu gewinnen*:

Äpfel	1800 g	Brombeeren	1500 g	Sauerkirschen	1600 g
Johannisbeeren, schwarz	1700 g	Quitten	2600 g	Holunderbeeren	1800 g
		Erdbeeren	1300 g	Stachelbeeren	1600 g
Birnen	2700 g	Rhabarber	1500 g	Johannisbeeren, rot	1500 g
Pfirsiche	1700 g	Himbeeren	1800 g	Weintrauben	1700 g

* Diese Angaben unterliegen natürlichen Schwankungen bedingt durch die jeweilige Art der Gewinnungsmethode und die Erntequalität.

Gelierprobe
Eine Gelierprobe zeigt, ob die zubereitete Fruchtmasse während des Erkaltens genügend Festigkeit bekommt, also genügend „gelieren" kann. Geben Sie dazu von dem zubereiteten, heißen Kochgut einfach 1–2 Teelöffel auf einen kleinen Teller, den Sie vorher am besten kurz in den Kühlschrank stellen. Wird die Gelierprobe dicklich bzw. fest, so bekommt auch der Rest Ihrer Konfitüre, Marmelade oder des Gelees genügend Festigkeit in den Gläsern. Wird eine stärkere Festigkeit gewünscht, einfach ein Päckchen Dr. Oetker Zitronensäure unter das heiße Kochgut rühren, nochmals die Gelierprobe machen und dann erst abfüllen. Der Geliervorgang in den Gläsern kann bis zu einer Woche oder länger dauern.

Lagerung von Konfitüren, Marmeladen und Gelees
Bewahren Sie Ihre Einmach-Schätze an einem kühlen, dunklen Ort auf. So sind sie u. a. vor Farbveränderungen geschützt und die Gelierung kann sich voll entfalten.
Bewahren Sie angebrochene Gläser am besten im Kühlschrank auf, da beim Entnehmen aus dem Glas die feste Struktur von Konfitüre, Marmelade oder Gelee beschädigt wird, so dass Fruchtsaft austreten kann.
Bitte beachten Sie, dass die Haltbarkeit des Einmachguts sich durch fetthaltige Zutaten wie Nusskerne oder Kokosraspel, aber auch durch Gewürze und Kräuter verkürzen kann.

Zu den Rezepten

Abkürzungen

EL	= Esslöffel	ml	= Milliliter	**Kalorien-/Nährwertangaben**	
TL	= Teelöffel	l	= Liter	E	= Eiweiß
Msp.	= Messerspitze	evtl.	= eventuell	F	= Fett
Pck.	= Packung/Päckchen	geh.	= gehäuft	Kh	= Kohlenhydrate
g	= Gramm	gestr.	= gestrichen	kcal	= Kilokalorien
kg	= Kilogramm	TK	= Tiefkühlprodukt	kJ	= Kilojoule

Hinweise zu den Rezepten
Lesen Sie bitte vor der Zubereitung – besser noch vor dem Einkaufen – das Rezept einmal vollständig durch. Oft werden Arbeitsabläufe oder -zusammenhänge dann klarer.

Zutatenliste
Die Zutaten sind in der Reihenfolge ihrer Verarbeitung aufgeführt.

Arbeitsschritte
Die Arbeitsschritte sind einzeln hervorgehoben, in der Reihenfolge, in der wir sie ausprobiert haben.

Konfitüre, Marmelade

Klassisch, exotisch und würzig

Konfitüren und Marmeladen werden aus zerkleinerten Früchten und Zucker zubereitet. Laut Konfitürenverordnung werden Marmeladen nur aus Zitrusfrüchten zubereitet, alle anderen heißen Konfitüren.

Schichtkonfitüre Nektarine-Himbeer

Raffiniert

ergibt etwa 5 Gläser
zu je 200 ml

Zubereitungszeit: 45 Minuten, ohne Abkühlzeit

Insgesamt:
E: 11 g, F: 2 g, Kh: 585 g,
kJ: 10431, kcal: 2460

Tipp:
Statt Nektarinen können auch 500 g Aprikosen (vorbereitet gewogen) verwendet werden. Schichtkonfitüren sind nur etwa 3 Monate kühl gestellt haltbar.

Zutaten:

Für die Himbeer-Konfitüre:

500 g	Himbeeren (vorbereitet gewogen)
1 TL	Zitronenschale von 1 Bio-Zitrone (unbehandelt, ungewachst)
1 EL	Zitronensaft
5	Pfefferminzblättchen
½ Pck. (250 g)	Dr. Oetker Extra Gelier Zucker 2:1

Für die Nektarinen-Konfitüre:

500 g	Nektarinen (vorbereitet gewogen)
1 Pck.	Dr. Oetker Bourbon-Vanille-Zucker
½ Pck. (250 g)	Extra Gelier Zucker 2:1

1. Für die Himbeer-Konfitüre Himbeeren verlesen und 500 g abwiegen. Zitrone heiß abwaschen, abtrocknen und ein Viertel der Schale abreiben. Zitrone auspressen und einen Esslöffel Zitronensaft abmessen. Minzeblättchen abspülen, trockentupfen und in Streifen schneiden.

2. Für die Nektarinen-Konfitüre Nektarinen kurz in kochendes Wasser legen, herausnehmen und in kaltem Wasser abschrecken. Von den Nektarinen die Haut abziehen, die Früchte halbieren und entsteinen. Das Fruchtfleisch in kleine Würfel schneiden und 500 g Fruchtfleisch abwiegen.

3. Für die Nektarinen-Konfitüre vorbereitete Nektarinenwürfel und Vanille-Zucker in einen kleinen Kochtopf (2-l-Inhalt) geben. Mit Gelier Zucker gut verrühren. Alles unter Rühren bei starker Hitze zum Kochen bringen und mindestens 3 Minuten unter ständigem Rühren sprudelnd kochen lassen. Topf von der Kochstelle nehmen. Kochgut eventuell abschäumen und sofort bis zur Hälfte in vorbereitete Gläser füllen. Konfitüre etwa 15 Minuten abkühlen lassen.

4. Für die Himbeerkonfitüre vorbereitete Himbeeren, Zitronenschale und Zitronensaft in einen kleinen Kochtopf (2-l-Inhalt) geben. Mit Gelier Zucker gut verrühren. Alles unter Rühren bei starker Hitze zum Kochen bringen, mindestens 2 Minuten unter ständigem Rühren sprudelnd kochen lassen. Minzestreifen hinzufügen, wieder zum Kochen bringen und noch 1 Minute sprudelnd kochen lassen. Topf von der Kochstelle nehmen.

5. Kochgut eventuell abschäumen und vorsichtig mit einem Esslöffel auf der Nektarinen-Konfitüre verteilen, bis die Gläser randvoll sind.

6. Gläser mit Twist-off-Deckeln® verschließen und erkalten lassen. Nicht stürzen, sonst laufen die Konfitüren ineinander.

Himbeerkonfitüre (Foto)

Klassisch

ergibt 7–8 Gläser
zu je 200 ml

Zubereitungszeit: 30 Minuten

Insgesamt:
E: 13 g, F: 3 g, Kh: 1193 g,
kJ: 20838, kcal: 4981

Zutaten:

1 kg	Himbeeren (vorbereitet gewogen)
1 Beutel (20 g)	Gelfix Classic 1:1
1150 g	Zucker

1. Himbeeren verlesen, evtl. entstielen und abwiegen.

2. Himbeeren in einen großen Kochtopf geben. Himbeeren zerdrücken, am besten mit einem Stampfer. Gelfix Classic zuerst mit 2 Esslöffeln der abgewogenen Zuckermenge mischen, dann mit dem Himbeermus gut verrühren.

3. Die Zutaten unter Rühren bei starker Hitze zum Kochen bringen. Sobald alles bei ständigem Rühren sprudelnd kocht, restlichen Zucker hinzufügen. Alles unter Rühren wieder zum Kochen bringen und mindestens 3 Minuten unter ständigem Rühren sprudelnd kochen lassen. Topf von der Kochstelle nehmen.

4. Kochgut eventuell abschäumen und sofort randvoll in vorbereitete Gläser füllen. Gläser mit Twist-off-Deckeln® verschließen, umdrehen und etwa 5 Minuten auf dem Deckel stehen lassen.

Himbeerkonfitüre, kalt gerührt

Einfach

ergibt etwa 4 Gläser
zu je 200 ml

Zubereitungszeit: 30 Minuten

Insgesamt:
E: 7 g, F: 1 g, Kh: 514 g,
kJ: 9070, kcal: 2135

Zutaten:

500 g	Himbeeren (vorbereitet gewogen)
1 Pck. (500 g)	Extra Gelier Zucker 2:1

1. Himbeeren sorgfältig verlesen, entstielen und 500 g abwiegen. Himbeeren mit einer Gabel zerdrücken.

2. Gelier Zucker hinzufügen und mit Handrührgerät mit Rührbesen etwa 15 Minuten rühren.

3. Die Himbeermasse in vorbereitete, gut abgetropfte Gläser füllen. Gläser mit Twist-off-Deckeln® verschließen.

Tipp: Nach Belieben abgeriebene Zitronenschale von 1 Bio-Zitrone (unbehandelt, ungewachst) unter die Konfitüre rühren. Die Konfitüre kalt gestellt aufbewahren. Die kalt gerührte Himbeerkonfitüre innerhalb von 2 Monaten verbrauchen oder die Masse einfrieren.

Konfitüre

ergibt etwa 7 Gläser
zu je 200 ml

Zubereitungszeit: 50 Minuten

Insgesamt:
E: 7 g, F: 3 g, Kh: 1235 g,
kJ: 21228, kcal: 5071

Mango-Melonen-Konfitüre (Foto)

Exotisch

Zutaten:

500 g	Mangos (vorbereitet gewogen)
500 g	Honigmelone (vorbereitet gewogen)
1 Beutel (20 g)	Gelfix Classic 1:1
1150 g	Zucker

1. Mangos halbieren, das Fruchtfleisch jeweils vom Stein lösen, das Fruchtfleisch schälen, in kleine Stücke schneiden und 500 g abwiegen.

2. Melone halbieren, entkernen und schälen. Das Fruchtfleisch in kleine Stücke schneiden und 500 g abwiegen. Fruchtstücke in einen großen Kochtopf geben.

3. Gelfix Classic zuerst mit 2 Esslöffeln der abgewogenen Zuckermenge mischen, dann mit der Fruchtmasse gut verrühren.

4. Die Zutaten unter Rühren bei starker Hitze zum Kochen bringen. Sobald alles bei ständigem Rühren sprudelnd kocht, restlichen Zucker hinzufügen. Alles unter Rühren wieder zum Kochen bringen und mindestens 3 Minuten unter ständigem Rühren sprudelnd kochen lassen. Topf von der Kochstelle nehmen.

5. Kochgut eventuell abschäumen und sofort randvoll in vorbereitete Gläser füllen. Gläser mit Twist-off-Deckeln® verschließen, umdrehen und etwa 5 Minuten auf dem Deckel stehen lassen.

ergibt etwa 4 Gläser
zu je 200 ml

Zubereitungszeit: 35 Minuten

Insgesamt:
E: 4 g, F: 2 g, Kh: 522 g,
kJ: 9234, kcal: 2207

Tipp:
Die kalt gerührte Erdbeerkonfitüre in 2 Monaten aufbrauchen oder die Masse einfrieren.

Erdbeerkonfitüre, kalt gerührt

Mit Alkohol – schnell

Zutaten:

500 g	Erdbeeren
500 g	Puderzucker
Saft	von 1 Zitrone
40 ml	Rum

1. Erdbeeren waschen, gut abtropfen lassen, entstielen und pürieren.

2. Puderzucker und Zitronensaft unterrühren. Die Zutaten mit Handrührgerät mit Rührbesen in etwa 15 Minuten zu einem steifen Fruchtbrei schlagen.

3. Die Fruchtmasse in vorbereitete Gläser (zusätzlich Gläser und Deckel mit Rum ausgespült) füllen und mit Twist-off-Deckeln® verschließen.

Konfitüre

ergibt etwa 5 Gläser zu je 200 ml

Zubereitungszeit: 25 Minuten

Insgesamt:
E: 8 g, F: 4 g, Kh: 579 g, kJ: 10214, kcal: 2440

Tipp:
Schwarzer Johannisbeernektar gibt in kleinen Mengen jeder Erdbeerkonfitüre für lange Zeit eine besonders schöne Farbe. .

Dunkelrote Erdbeer-Konfitüre

Raffiniert

Zutaten:

900 g	Erdbeeren (vorbereitet gewogen)
100 ml	schwarzer Johannisbeernektar (Handelsware)
1 Pck.	Dr. Oetker Finesse Orangenfrucht
500 g	Zucker
1 Beutel (25 g)	Gelfix Extra 2:1

1. Erdbeeren waschen, abtropfen lassen, entstielen, klein schneiden und 900 g abwiegen.

2. Erdbeerstückchen, Johannisbeernektar und Orangenfrucht in einen großen Kochtopf geben. Zucker mit Gelfix Extra mischen und mit der Fruchtmasse verrühren.

3. Die Zutaten unter Rühren bei starker Hitze zum Kochen bringen und mindestens 3 Minuten unter ständigem Rühren sprudelnd kochen lassen. Den Topf von der Kochstelle nehmen.

4. Kochgut eventuell abschäumen und sofort randvoll in vorbereitete Gläser füllen. Gläser mit Twist-off-Deckeln® verschließen, umdrehen und etwa 5 Minuten auf dem Deckel stehen lassen.

ergibt etwa 5 Gläser zu je 200 ml

Zubereitungszeit: 35 Minuten, ohne Entsaften

Insgesamt:
E: 16 g, F: 18 g, Kh: 661 g, kJ: 12511, kcal: 2959

Tipp:
Die Haltbarkeit wird durch die Zugabe von Pinienkernen durch das darin enthaltene Fett verkürzt. Statt der Pinienkerne können Sie auch gestiftelte Mandeln verwenden.

Johannisbeer-Kirsch-Konfitüre

Klassisch

Zutaten:

500 ml (½ l)	Johannisbeersaft (von etwa 800 g roten Johannisbeeren)
500 g	Sauerkirschen (vorbereitet gewogen)
30 g	Pinienkerne
1 Pck.	Dr. Oetker Finesse Bourbon-Vanille-Aroma
1 Pck. (500 g)	Extra Gelier Zucker 2:1

1. Johannisbeeren waschen, abtropfen lassen, mit Hilfe eines Schnellkochtopfes oder Dampfentsafters Saft gewinnen (Gebrauchsanleitung des Geräteherstellers beachten). Saft abkühlen lassen und 500 ml abmessen.

2. Kirschen waschen, abtropfen lassen, entstielen, entsteinen, halbieren und 500 g abwiegen. Pinienkerne in einer Pfanne ohne Fett goldgelb rösten und auf einem Teller erkalten lassen.

3. Johannisbeersaft, Kirschen, Pinienkerne und Aroma in einem großen Kochtopf mit Extra Gelier Zucker gut verrühren. Die Zutaten unter Rühren bei starker Hitze zum Kochen bringen und mindestens 3 Minuten unter ständigem Rühren sprudelnd kochen lassen. Topf von der Kochstelle nehmen.

4. Kochgut eventuell abschäumen und sofort randvoll in vorbereitete Gläser füllen.

5. Gläser mit Twist-off-Deckeln® verschließen, umdrehen und etwa 5 Minuten auf dem Deckel stehen lassen.

6. Gläser während des Erkaltens gelegentlich umdrehen, damit sich die Pinienkerne gleichmäßig verteilen.

Konfitüre

ergibt etwa 5 Gläser
zu je 200 ml

Zubereitungszeit: 30 Minuten

Insgesamt:
E: 8 g, F: 4 g, Kh: 569 g,
kJ: 10956, kcal: 2585

Erdbeer-Chili-Konfitüre (Foto)

Mit Alkohol

Zutaten:

900 g	Erdbeeren (vorbereitet gewogen)
2–3	rote Chilischoten
100 ml	Cassislikör (Schwarzer Johannisbeerlikör)
1 Pck. (500 g)	Extra Gelier Zucker 2:1

1. Erdbeeren waschen, gut abtropfen lassen und entstielen. Erdbeeren klein schneiden und 900 g abwiegen.

2. Chilischoten waschen, trockentupfen, halbieren, entstielen, entkernen und die weißen Scheidewände entfernen. Die Schotenhälften in sehr kleine Würfel schneiden.

3. Erdbeerstückchen, Chiliwürfel und Likör in einem großen Kochtopf mit Extra Gelier Zucker gut verrühren. Die Zutaten unter Rühren bei starker Hitze zum Kochen bringen und mindestens 3 Minuten unter ständigem Rühren sprudelnd kochen lassen. Topf von der Kochstelle nehmen.

4. Kochgut eventuell abschäumen und sofort randvoll in vorbereitete Gläser füllen. Gläser mit Twist-off-Deckeln® verschließen, umdrehen und etwa 5 Minuten auf dem Deckel stehen lassen.

ergibt etwa 5 Gläser
zu je 200 ml

Zubereitungszeit: 45 Minuten

Insgesamt:
E: 7 g, F: 3 g, Kh: 425 g,
kJ: 7591, kcal: 1793

Ananas-Erdbeer-Konfitüre

Für Diabetiker – gut vorzubereiten

Zutaten:

400 g	Erdbeeren (vorbereitet gewogen)
600 g	Ananas-Fruchtfleisch (von 1 Ananas, vorbereitet gewogen)
1 Pck. (350 g)	Diät Gelier Fruchtzucker

1. Erdbeeren waschen, gut abtropfen lassen, entstielen, klein schneiden und 400 g abwiegen.

2. Ananas schälen, halbieren und den Strunk herausschneiden. Ananas in sehr kleine Stücke schneiden und 600 g abwiegen.

3. Die Fruchtstücke in einen Kochtopf geben, mit Diät Gelier Fruchtzucker gut verrühren.

4. Die Zutaten bei starker Hitze unter Rühren zum Kochen bringen und mindestens 3 Minuten unter ständigem Rühren sprudelnd kochen lassen. Topf von der Kochstelle nehmen.

5. Kochgut eventuell abschäumen und sofort randvoll in vorbereitete Gläser füllen. Gläser mit Twist-off-Deckeln® verschließen, umdrehen und etwa 5 Minuten auf dem Deckel stehen lassen.

Konfitüre

ergibt etwa 5 Gläser
zu je 200 ml

Zubereitung: 50 Minuten

Insgesamt:
E: 7 g, F: 1 g, Kh: 460 g,
kJ: 8301, kcal: 1985

Tipp:
Die Konfitüre schmeckt gut zu Milchreis und eignet sich als Füllung für Biskuittorten oder -rollen.

Weinbergkonfitüre
Mit Alkohol

Zutaten:

700 g	Weinbergpfirsiche (vorbereitet gewogen)
100 ml	trockener Weißwein, z. B. Riesling
1 Pck.	Dr. Oetker Finesse Geriebene Zitronenschale
200 g	blaue Weintrauben (vorbereitet gewogen)
350 g	Zucker
1 Beutel (25 g)	Gelfix Super 3:1

1. Pfirsiche abspülen, abtropfen lassen und an der Unterseite kreuzweise einschneiden. Pfirsiche kurz in kochendes Wasser legen, herausnehmen und mit kaltem Wasser abschrecken. Die Haut abziehen. Pfirsiche halbieren und entsteinen. 700 g Fruchtfleisch abwiegen und in etwa 1 x 1 cm große Würfel schneiden.

2. Pfirsichwürfel mit Wein und Zitronenschale in einem großen Kochtopf verrühren. Weintrauben heiß abspülen, trockentupfen, halbieren und entkernen (sehr große Weintrauben vierteln). Weintraubenhälften zu den Pfirsichwürfeln in den Topf geben. Zucker mit Gelfix Super verrühren und unter die Fruchtmasse rühren.

3. Die Zutaten unter Rühren bei starker Hitze zum Kochen bringen und mindestens 3 Minuten unter ständigem Rühren sprudelnd kochen lassen.

4. Kochgut eventuell abschäumen und sofort randvoll in vorbereitete Gläser füllen. Gläser mit Twist-off-Deckeln® verschließen, umdrehen und etwa 5 Minuten auf dem Deckel stehen lassen.

5. Gläser während des Erkaltens gelegentlich umdrehen, damit sich die Weintrauben besser verteilen.

Weinbers -

Konfitüre

Dreifrucht-Schichtkonfitüre (Pflaumen, Äpfel, Birnen)

Mit Alkohol

ergibt etwa 5 Gläser zu je 200 ml

Zubereitungszeit:
60 Minuten, ohne Stehzeit

Insgesamt:
E: 6 g, F: 3 g, Kh: 622 g, kJ: 11082, kcal: 2615

Tipp:
Schichtkonfitüren sind nur etwa 3 Monate kühl gestellt haltbar.

Zutaten:

250 g	Äpfel (vorbereitet gewogen)
250 g	Birnen (vorbereitet gewogen)
500 g	Pflaumen, Zwetschen (vorbereitet gewogen)

Für die Apfel-Birnen-Konfitüre:

30 g	Weinbeeren
½ Pck. (250 g)	Extra Gelier Zucker 2:1
2 EL	Rum

Für die Pflaumen-Konfitüre:

1 Stck.	Sternanis
1 Msp.	gemahlene Nelken
1 Msp.	gemahlener Zimt
½ Pck. (250 g)	Extra Gelier Zucker 2:1

1. Äpfel und Birnen schälen, vierteln und entkernen. Apfel- und Birnenviertel in kleine Stücke schneiden, je 250 g Fruchtfleisch abwiegen. Pflaumen (Zwetschen) waschen, trockentupfen, halbieren, entsteinen und klein schneiden, 500 g Fruchtfleisch abwiegen.

2. Für die Apfel-Birnen-Konfitüre Apfel- und Birnenstücke mit den Weinbeeren in einen kleinen Kochtopf (etwa 2 l Inhalt) geben und mit Extra Gelier Zucker (250 g) gut verrühren, etwa 30 Minuten stehen lassen.

3. Für die Pflaumen-Konfitüre Pflaumen (Zwetschen) mit Sternanis, Nelken und Zimt in einen weiteren Kochtopf (etwa 2 l Inhalt) geben, ebenfalls mit Extra Gelier Zucker (250 g) gut verrühren und 30 Minuten stehen lassen.

4. Zunächst die Apfel- und Birnen-Fruchtmasse bei starker Hitze zum Kochen bringen und mindestens 3 Minuten unter ständigem Rühren sprudelnd kochen lassen, Rum unterrühren. Topf von der Kochstelle nehmen.

5. Kochgut eventuell abschäumen. Etwa ein Drittel (2–3 Esslöffel je Glas) von der Apfel-Birnen-Konfitüre mit einem Esslöffel oder einer kleinen Kelle vorsichtig in den vorbereiteten Gläsern verteilen, etwas fest werden lassen.

6. Die Pflaumen-Fruchtmasse auf die gleiche Weise (wie unter Punkt 4 beschrieben) zubereiten. Den Topf von der Kochstelle nehmen und den Sternanis entfernen.

7. Kochgut eventuell abschäumen. Etwa ein Drittel (2–3 Esslöffel je Glas) von der Pflaumen-Konfitüre mit einem Esslöffel oder einer kleinen Kelle auf die Apfel-Birnen-Konfitüre geben und etwas fest werden lassen (etwa 10 Minuten).

8. Die Hälfte der restlichen Apfel-Birnen-Konfitüre daraufgeben und ein Drittel von der Pflaumenkonfitüre darauf verteilen. Restliche Apfel-Birnen-Konfitüre daraufgeben und mit der restlichen Pflaumen-Konfitüre die Gläser randvoll füllen.

9. Gläser mit Twist-off-Deckeln® verschließen, umdrehen und etwa 5 Minuten auf dem Deckel stehen lassen.

Konfitüre

ergibt 6–7 Gläser
zu je 200 ml

Zubereitungszeit: 15 Minuten, ohne Auftau- und Abkühlzeit

Insgesamt:
E: 6 g, F: 6 g, Kh: 606 g, kJ: 11124, kcal: 2626

Tipp:
Anstelle von TK-Heidelbeeren können Sie auch frische Kulturheidelbeeren verwenden. Dabei sollten Sie allerdings die Hälfte der Beeren pürieren.

Heidelbeerkonfitüre mit Vanille

Raffiniert

Zutaten:

1 kg	TK-Heidelbeeren
500 ml (½ l)	Orangensaft (Handelsware)
1 Pck.	Dr. Oetker Finesse Bourbon-Vanille-Aroma
1 Pck. (500 g)	Super Gelier Zucker 3:1

1. Heidelbeeren auftauen lassen, dabei den entstehenden Saft auffangen.

2. Heidelbeeren mit Saft, Orangensaft und Aroma in einem großen Kochtopf mit Super Gelier Zucker gut verrühren. Die Zutaten unter Rühren bei starker Hitze zum Kochen bringen, mindestens 3 Minuten unter ständigem Rühren sprudelnd kochen lassen. Topf von der Kochstelle nehmen.

3. Kochgut eventuell abschäumen und sofort randvoll in vorbereitete Gläser füllen. Gläser mit Twist-off-Deckeln® verschließen, umdrehen und etwa 5 Minuten auf dem Deckel stehen lassen.

Variante:
Beschwipste Heidelbeerkonfitüre mit Vanille.
100 ml Orangensaft kann durch 100 ml Rum (37 Vol.%) ersetzt werden. Den Rum jedoch erst nach dem Kochen unterrühren.

ergibt etwa 7 Gläser
zu je 200 ml

Zubereitungszeit: 40 Minuten

Insgesamt:
E: 9 g, F: 2 g, Kh: 1202 g,
kJ: 20749, kcal: 4959

Tipp:
Die Konfitüre schmeckt gut zu Vanillegrieß oder zu kurz gebratenem Wildfleisch.

Nektarinen-Cranberry-Konfitüre

Raffiniert – würzig

Zutaten:

875 g	Nektarinen (vorbereitet gewogen)
10 grüne	Kardamomkapseln (erhältlich in Asia-Läden)
1 Beutel (125 g)	Cranberries (getrocknet, gesüßt)
1 Beutel (5 g)	Zitronensäure
1 Beutel (20 g)	Gelfix Classic 1:1
1150 g	Zucker

1. Nektarinen waschen, trockentupfen, halbieren und entsteinen. Das Fruchtfleisch in etwa 1 ½ x 1 ½ cm große Würfel schneiden und 875 g abwiegen. Fruchtwürfel in einen großen Kochtopf geben. Kardamomkapseln, Cranberries und Zitronensäure unterrühren.

2. Gelfix Classic zuerst mit 2 Esslöffeln der abgewogenen Zuckermenge mischen, dann mit der Fruchtmasse gut verrühren.

3. Die Zutaten unter Rühren bei starker Hitze zum Kochen bringen. Sobald alles bei ständigem Rühren sprudelnd kocht, restlichen Zucker hinzufügen. Alles unter Rühren wieder zum Kochen bringen und mindestens 3 Minuten unter ständigem Rühren sprudelnd kochen lassen. Topf von der Kochstelle nehmen.

4. Kochgut eventuell abschäumen und sofort randvoll in vorbereitete Gläser füllen. Gläser mit Twist-off-Deckeln® verschließen, umdrehen und etwa 5 Minuten auf dem Deckel stehen lassen.

5. Gläser während des Erkaltens gelegentlich umdrehen, damit sich die Cranberries besser verteilen.

Konfitüre

ergibt etwa 5 Gläser
zu je 200 ml

Zubereitungszeit: 40 Minuten

Insgesamt:
E: 7 g, F: 2 g, Kh: 630 g,
kJ: 11050, kcal: 2605

Tipp:
Statt Mirabellen können auch Renekloden genommen werden. Statt getrocknetem Lavendel können Sie frischen Lavendel verwenden. Die Lavendelblüten vorsichtig abspülen, abtrocknen und vom Stiel lösen.

Mirabellenkonfitüre mit Lavendelblüten (Foto)

Zum Verschenken

Zutaten:

1000 g	Mirabellen (vorbereitet gewogen)
1 EL	unbehandelte, getrocknete Lavendelblüten
1 Pck. (500 g)	Dr. Oetker Extra Gelier Zucker 2:1

1. Mirabellen waschen, abtropfen lassen, halbieren und entsteinen. Fruchtfleisch klein schneiden und 1000 g abwiegen. Lavendelblüten von den Stängeln ablösen und 1 gehäuften Esslöffel abmessen.

2. Mirabellenstückchen mit den Lavendelblüten in einen großen Kochtopf geben, mit Extra Gelier Zucker gut verrühren. Die Zutaten unter Rühren bei starker Hitze zum Kochen bringen und mindestens 3 Minuten unter ständigem Rühren sprudelnd kochen lassen. Topf von der Kochstelle nehmen.

3. Kochgut eventuell abschäumen und sofort randvoll in vorbereitete Gläser füllen. Gläser mit Twist-off-Deckeln® verschließen, umdrehen und etwa 5 Minuten auf dem Deckel stehen lassen.

ergibt 5–6 Gläser
zu je 200 ml

Zubereitungszeit: 40 Minuten

Insgesamt:
E: 6 g, F: 3 g, Kh: 644 g,
kJ: 11264, kcal: 2690

Tipp:
2–3 Esslöffel Calvados (Apfelschnaps) zum Schluss unter die Konfitüre rühren.

Mirabellen-Apfel-Konfitüre

Preiswert

Zutaten:

700 g	Mirabellen (vorbereitet gewogen)
300 g	Äpfel (vorbereitet gewogen)
1 Beutel (25 g)	Gelfix Extra 2:1
500 g	Zucker
1 Pck. (5 g)	Zitronensäure

1. Mirabellen waschen, gut abtropfen lassen, halbieren, entsteinen und 700 g abwiegen. Fruchtfleisch klein schneiden. Äpfel schälen, vierteln, entstielen, entkernen und 300 g abwiegen. Äpfel klein schneiden. Fruchtstücke in einen großen Kochtopf geben.

2. Gelfix mit Zucker mischen und mit der Fruchtmasse verrühren. Zitronensäure unterrühren. Die Zutaten unter ständigem Rühren bei starker Hitze zum Kochen bringen und mindestens 3 Minuten unter ständigem Rühren sprudelnd kochen lassen. Topf von der Kochstelle nehmen.

3. Kochgut eventuell abschäumen und sofort randvoll in vorbereitete Gläser füllen. Gläser mit Twist-off-Deckeln® verschließen, umdrehen und etwa 5 Minuten auf dem Deckel stehen lassen.

Konfitüre

ergibt 4–5 Gläser
zu je 200 ml

Zubereitungszeit: 25 Minuten

Insgesamt:
E: 9 g, F: 7 g, Kh: 428 g,
kJ: 7778, kcal: 1858

Tipp:

Wenn Sie keine Kerne in Ihrer Konfitüre möchten, streichen Sie die Brombeeren vor dem Kochen durch ein Sieb und wiegen Sie sie dann ab. Statt mit Zucker, Fruchtzucker oder Sorbit können Sie die Konfitüre mit 25 ml Flüssigsüße zubereiten. Dazu die vorbereiteten Früchte in einen Kochtopf geben, mit Gelfix Super und der abgemessenen Flüssigsüße verrühren und wie im Rezept angegeben fortfahren.

Brombeer-Birnen-Konfitüre

Herb – fruchtig

Zutaten:

600 g	Brombeeren (vorbereitet gewogen)
400 g	reife Birnen (vorbereitet gewogen)
350 g	Zucker, Fruchtzucker oder Sorbit*
1 Beutel (25 g)	Dr. Oetker Gelfix Super 3:1

1. Brombeeren verlesen, eventuell kurz waschen und abtropfen lassen. Blütenansätze entfernen und 600 g Früchte abwiegen. Birnen waschen, schälen, vierteln, entkernen, klein schneiden und 400 g abwiegen.

2. Brombeeren und Birnenstücke in einen Kochtopf geben. Abgewogenes Süßungsmittel mit Gelfix Super mischen, dann mit der Fruchtmasse verrühren.

3. Die Zutaten unter Rühren bei starker Hitze zum Kochen bringen und mindestens 3 Minuten unter ständigem Rühren sprudelnd kochen lassen. Topf von der Kochstelle nehmen.

4. Kochgut eventuell abschäumen und sofort randvoll in vorbereitete Gläser füllen. Gläser mit Twist-off-Deckeln® verschließen, umdrehen und etwa 5 Minuten auf dem Deckel stehen lassen.

* Diabetiker sollen Zuckeraustauschstoffe verwenden.

Variante:
Brombeer-Birnen-Konfitüre mit Thymian
Um der Konfitüre eine noch interessantere Note zu verleihen, können Sie nach 2 Minuten Kochzeit 1 Esslöffel gerebelten Thymian hinzufügen und 1 Minute mitkochen lassen. Die Haltbarkeit der Konfitüre wird jedoch durch die Zugabe von Thymian verkürzt.

ergibt 7–8 Gläser
zu je 200 ml

Zubereitungszeit: 50 Minuten

Insgesamt:
E: 8 g, F: 3 g, Kh: 1264 g,
kJ: 21777, kcal: 5205

Tipp:
Karibik-Konfitüre eignet sich als Tortenfüllung oder als Zugabe zu Geflügelpasteten.

Karibik-Konfitüre

Raffiniert – exotisch

Zutaten:

1	kleine Mango
1	kleine Papaya
½	reife Ananas
1	große Banane
100 g	Physalis
6–7	Kumquats (etwa 50 g)
1 Stängel	Zitronengras
1 Beutel (20 g)	Gelfix Classic 1:1
700 g	Rohrzucker, hell
450 g	Zucker

1. Mango und Papaya schälen, halbieren und entkernen. Ananas und Banane schälen. Von der Ananas den Strunk entfernen. Von den Physalis jeweils die Blätter entfernen. Physalis waschen und gut abtropfen lassen. Kumquats waschen, gut abtropfen lassen, halbieren und entkernen. Vorbereitete Früchte in kleine Würfel schneiden und 1000 g abwiegen.

2. Von dem Zitronengras die äußeren harten Blätter entfernen. Zitronengras in sehr feine Streifen schneiden und 1 gehäuften Esslöffel davon abmessen.

3. Abgewogenes Fruchtfleisch mit Zitronengras in einen großen Kochtopf geben. Gelfix Classic zuerst mit 2 Esslöffeln von dem Rohrzucker mischen, dann mit der Fruchtmasse gut verrühren.

4. Die Zutaten unter Rühren bei starker Hitze zum Kochen bringen. Sobald alles bei ständigem Rühren sprudelnd kocht, restlichen Rohrzucker und Zucker hinzufügen. Alles unter Rühren wieder zum Kochen bringen und mindestens 3 Minuten unter ständigem Rühren sprudelnd kochen lassen. Topf von der Kochstelle nehmen.

5. Kochgut eventuell abschäumen und sofort randvoll in vorbereitete Gläser füllen. Gläser mit Twist-off-Deckeln® verschließen, umdrehen und etwa 5 Minuten auf dem Deckel stehen lassen.

Konfitüre

Aprikosenkonfitüre mit Zimt und Korinthen (Foto)

Raffiniert

ergibt etwa 6 Gläser zu je 200 ml

Zubereitungszeit: 40 Minuten

Insgesamt:
E: 10 g, F: 1 g, Kh: 486 g, kJ: 8683, kcal: 2071

Tipp:
Die Konfitüre schmeckt gut zu Joghurt, Müsli oder mit etwas Schmand oder Crème double verrührt auf Zwieback, süßen Brötchen oder Hefemuffins.

Zutaten:

900 g	Aprikosen (vorbereitet gewogen)
70 g	Korinthen
1 Pck. (5 g)	Zitronensäure
2	Zimtstangen
350 g	Zucker
1 Beutel (25 g)	Gelfix Super 3:1

1. Aprikosen abspülen und die Haut an der Unterseite kreuzweise einschneiden. Aprikosen kurz in kochendes Wasser legen, herausnehmen, mit kaltem Wasser abschrecken und die Haut abziehen. Aprikosen halbieren und entsteinen. 900 g Fruchtfleisch abwiegen, in etwa 1 x 1 cm große Würfel schneiden. Mit Korinthen, Zitronensäure und Zimtstangen in einem großen Topf mischen.

2. Zucker mit Gelfix verrühren und unter die Fruchtmasse rühren. Die Zutaten unter Rühren bei starker Hitze zum Kochen bringen und mindestens 3 Minuten unter ständigem Rühren sprudelnd kochen lassen. Topf von der Kochstelle nehmen.

3. Kochgut eventuell abschäumen und die Zimtstangen entfernen. Konfitüre sofort randvoll in vorbereitete Gläser füllen. Gläser mit Twist-off-Deckeln® verschließen, umdrehen und etwa 5 Minuten auf dem Deckel stehen lassen.

Aprikosen-Bananen-Konfitüre

Fruchtig

ergibt etwa 7 Gläser zu je 200 ml

Zubereitungszeit: 45 Minuten

Insgesamt:
E: 15 g, F: 2 g, Kh: 678 g, kJ: 12145, kcal: 2865

Zutaten:

1000 g	Aprikosen (vorbereitet gewogen)
500 g	Bananen (vorbereitet gewogen)
1 Pck. (5 g)	Zitronensäure
1 Pck. (500 g)	Super Gelier Zucker 3:1

1. Aprikosen waschen, abtropfen lassen und entsteinen. Fruchtfleisch in kleine Würfel schneiden und 1000 g abwiegen. Bananen schälen, klein schneiden und 500 g abwiegen.

2. Aprikosenwürfel, Bananenstücke und Zitronensäure in einem Kochtopf mischen. Mit Super Gelier Zucker gut verrühren. Die Zutaten unter Rühren bei starker Hitze zum Kochen bringen und mindestens 3 Minuten unter ständigem Rühren sprudelnd kochen lassen. Topf von der Kochstelle nehmen.

3. Kochgut eventuell abschäumen und sofort randvoll in vorbereitete Gläser füllen. Gläser mit Twist-off-Deckeln® verschließen, umdrehen und etwa 5 Minuten auf dem Deckel stehen lassen.

Sauerkirschkonfitüre
Klassisch

ergibt etwa 7 Gläser zu je 200 ml

Zubereitungszeit: 90 Minuten

Insgesamt:
E: 4 g, F: 2 g, Kh: 1255 g, kJ: 21827, kcal: 5218

Zutaten:

600 ml	Sauerkirschsaft (ungesüßt, von etwa 1,6 kg entsteinten Sauerkirschen)
400 g	Sauerkirschen (vorbereitet gewogen)
1 Pck. (5 g)	Zitronensäure
1 Beutel (20 g)	Gelfix Classic 1:1
1150 g	Zucker

1. Kirschen zum Entsaften waschen, abtropfen lassen, entstielen, entsteinen und mit Hilfe eines Schnellkochtopfes oder Dampfentsafters Saft gewinnen (bitte Gebrauchsanleitung des Geräteherstellers beachten), 600 ml abmessen.

2. Restliche Kirschen waschen, abtropfen lassen, entstielen, entsteinen, halbieren und 400 g abwiegen.

3. Sauerkirschsaft, Kirschen und Zitronensäure in einen großen Kochtopf geben. Gelfix Classic zuerst mit 2 Esslöffeln der abgewogenen Zuckermenge mischen, dann mit der Kirschmasse gut verrühren.

4. Die Zutaten unter Rühren bei starker Hitze zum Kochen bringen. Sobald alles bei ständigem Rühren sprudelnd kocht, restlichen Zucker hinzufügen. Alles unter Rühren wieder zum Kochen bringen und mindestens 3 Minuten unter ständigem Rühren sprudelnd kochen lassen. Topf von der Kochstelle nehmen.

5. Kochgut evtl. abschäumen und sofort randvoll in vorbereitete Gläser füllen. Die Gläser mit Twist-off-Deckeln® verschließen, umdrehen und etwa 5 Minuten auf dem Deckel stehen lassen.

Variante 1: Für **Sauerkirsch-Vanille-Konfitüre** 1 Päckchen Dr. Oetker Finesse Bourbon-Vanille-Aroma mit Saft, Kirschen und Zitronensäure in den Kochtopf geben.

Variante 2: Für **Sauerkirsch-Ingwer-Konfitüre** 1 Teelöffel fein geriebenen, frischen Ingwer mit Saft, Kirschen und Zitronensäure in den Kochtopf geben. Allerdings wird die Haltbarkeit der Konfitüre durch die Zugabe von Ingwer verkürzt.

Variante 3: Für **Sauerkirsch-Amaretto-Konfitüre** 50 ml Amaretto nach dem Kochen unter die Konfitüre rühren.

Konfitüre

ergibt etwa 5 Gläser zu je 200 ml

Zubereitungszeit: 30 Minuten

Insgesamt:
E: 8 g, F: 4 g, Kh: 606 g, kJ: 11767, kcal: 2779

Tipp:
Der Kiwi-Likör kann durch 100 g grüne Stachelbeeren ersetzt werden.

Kiwi-Stachelbeer-Konfitüre

Mit Alkohol

Zutaten:

500 g	Kiwis (vorbereitet gewogen)
400 g	grüne Stachelbeeren (vorbereitet gewogen)
100 ml	grüner Kiwi-Likör
1 Pck. (5 g)	Zitronensäure
1 Pck. (500 g)	Extra Gelier Zucker 2:1

1. Kiwis schälen, vierteln und in feine Scheibenviertel schneiden, 500 g abwiegen. Stachelbeeren waschen, gut abtropfen lassen, Stiel- und Blütenansätze entfernen. Stachelbeeren halbieren und 400 g abwiegen.

2. Stachelbeeren, Likör und Zitronensäure in einem großen Kochtopf mit Extra Gelier Zucker gut verrühren.

3. Alles unter Rühren bei starker Hitze zum Kochen bringen und mindestens 3 Minuten unter ständigem Rühren sprudelnd kochen lassen. Topf von der Kochstelle nehmen.

4. Kochgut eventuell abschäumen und sofort randvoll in vorbereitete Gläser füllen. Gläser mit Twist-off-Deckeln® verschließen, umdrehen und etwa 5 Minuten auf dem Deckel stehen lassen.

ergibt etwa 7 Gläser zu je 200 ml

Zubereitungszeit: 50 Minuten

Insgesamt:
E: 8 g, F: 2 g, Kh: 1230 g, kJ: 21723, kcal: 5192

Stachelbeerkonfitüre

Mit Alkohol

Zutaten:

1000 g	reife Stachelbeeren (vorbereitet gewogen)
1 Beutel (20 g)	Gelfix Classic 1:1
1150 g	Zucker
4 EL	Wodka oder Marillengeist

1. Stachelbeeren waschen, gut abtropfen lassen, Stiel- und Blütenansätze entfernen. Stachelbeeren durch den Fleischwolf drehen oder mit dem Schneidstab pürieren und 1000 g abwiegen.

2. Stachelbeermus in einen großen Kochtopf geben. Gelfix Classic zuerst mit 2 Esslöffeln der abgewogenen Zuckermenge mischen, dann mit dem Stachelbeermus gut verrühren.

3. Die Zutaten unter Rühren bei starker Hitze zum Kochen bringen. Sobald alles bei ständigem Rühren sprudelnd kocht, restlichen Zucker hinzufügen. Alles unter Rühren wieder zum Kochen bringen und mindestens 3 Minuten unter ständigem Rühren sprudelnd kochen lassen. Topf von der Kochstelle nehmen. Wodka oder Marillengeist unterrühren.

4. Kochgut eventuell abschäumen und sofort randvoll in vorbereitete Gläser füllen. Gläser mit Twist-off-Deckeln® verschließen, umdrehen und etwa 5 Minuten auf dem Deckel stehen lassen.

Konfitüre

Passionsfrucht-Pflaumen-Konfitüre (Foto)

Für Diabetiker geeignet

ergibt etwa 5 Gläser zu je 200 ml

Zubereitungszeit: 40 Minuten

Insgesamt:
E: 12 g, F: 3 g, Kh: 476 g, kJ: 8605, kcal: 2055

Zutaten:

350 g	grünes Passionsfrucht-Fruchtfleisch (vorbereitet gewogen)
650 g	Pflaumen (vorbereitet gewogen)
350 g	Zucker, Fruchtzucker oder Sorbit*
1 Beutel (25 g)	Gelfix Super 3:1

1. Passionsfrüchte halbieren. Die geleeartige Fruchtmasse mit den Samenkernchen herauslösen und 350 g abwiegen. Pflaumen waschen, trockenreiben, entstielen, halbieren, entsteinen, in kleine Stücke schneiden und 650 g abwiegen.

2. Die Früchte in einen großen Kochtopf geben. Abgewogenes Süßungsmittel (Zucker, für Diabetiker Fruchtzucker oder Sorbit) mit Gelfix Super mischen, dann mit der Fruchtmasse verrühren. Die Zutaten unter Rühren bei starker Hitze zum Kochen bringen und mindestens 3 Minuten unter ständigem Rühren sprudelnd kochen lassen. Topf von der Kochstelle nehmen.

3. Das Kochgut eventuell abschäumen und sofort randvoll in vorbereitete Gläser füllen, mit Twist-off-Deckeln® verschließen, umdrehen und etwa 5 Minuten auf dem Deckel stehen lassen.

* Diabetiker sollen Zuckeraustauschstoffe verwenden.

Birnen-Karamell-Konfitüre

Mit Alkohol

ergibt etwa 5 Gläser zu je 200 ml

Zubereitungszeit: 60 Minuten

Insgesamt:
E: 4 g, F: 2 g, Kh: 617 g, kJ: 11023, kcal: 2631

Zutaten:

100 g	Zucker
50 ml	kaltes Wasser
50 ml	kochendes Wasser
800 g	Birnen (vorbereitet gewogen)
Saft	von 1 Zitrone
1 Pck. (5 g)	Zitronensäure
1 Pck.	Dr. Oetker Bourbon-Vanille-Zucker
400 g	Zucker
1 Beutel (25 g)	Gelfix Extra 2:1
50 ml	Birnengeist

1. Zucker mit kaltem Wasser in einem kleinen Topf aufkochen lassen und bei starker Hitze zu einem Karamell einkochen lassen. Topf von der Kochstelle nehmen, kochendes Wasser unterrühren. Karamell bei Zimmertemperatur bis zur weiteren Verarbeitung stehen lassen.

2. Birnen waschen, schälen, halbieren, entkernen, in kleine Stücke schneiden und 800 g abwiegen.

3. Birnenstücke, Zitronensaft, Zitronensäure, Vanille-Zucker und Karamell in einen großen Kochtopf geben. Abgewogene Zuckermenge mit Gelfix Extra mischen, dann mit der Frucht-Karamell-Masse verrühren.

4. Die Zutaten unter Rühren bei starker Hitze zum Kochen bringen und mindestens 3 Minuten unter ständigem Rühren sprudelnd kochen lassen. Topf von der Kochstelle nehmen, Birnengeist unterrühren.

5. Das Kochgut eventuell abschäumen, sofort randvoll in vorbereitete Gläser füllen. Gläser mit Twist-off-Deckeln® verschließen, umdrehen und etwa 5 Minuten auf dem Deckel stehen lassen.

Feigenkonfitüre mit Kumquats und Ingwer

Exotisch

ergibt etwa 5 Gläser zu je 200 ml

Zubereitungszeit: 40 Minuten

Insgesamt:
E: 11 g, F: 5 g, Kh: 644 g, kJ: 11358, kcal: 2712

Zutaten:

700 g	Feigen (vorbereitet gewogen – etwa 12 reife Feigen à 80 g)
250 g	Kumquats (vorbereitet gewogen)
30 g	frischer Ingwer
5 EL	Apfel- oder Orangensaft
500 g	Zucker
1 Beutel (25 g)	Gelfix Extra 2:1

1. Feigen abspülen, abtropfen lassen, entstielen und schälen. 700 g Fruchtfleisch abwiegen und in kleine Stücke schneiden. Kumquats heiß abspülen, trockentupfen und die Stängelansätze entfernen. Kumquats halbieren, entkernen und 250 g Früchte abwiegen. Kumquathälften in sehr kleine Stücke schneiden. Ingwer schälen und sehr fein hacken.

2. Feigen-, Kumquat- und Ingwerstücke in einen großen Kochtopf geben. Mit Apfel- oder Orangensaft mischen.

3. Zucker mit Gelfix Extra mischen, dann mit der Fruchtmasse verrühren. Die Zutaten unter Rühren bei starker Hitze zum Kochen bringen und mindestens 3 Minuten unter ständigem Rühren sprudelnd kochen.

4. Kochgut eventuell abschäumen und sofort randvoll in vorbereitete Gläser füllen. Gläser mit Twist-off-Deckeln® verschließen, umdrehen und etwa 5 Minuten auf dem Deckel stehen lassen.

Tipp:
Die Konfitüre schmeckt gut zu Fleischgerichten mit Curry oder zu Käse.

Konfitüre

ergibt etwa 7 Gläser
zu je 200 ml

Zubereitungszeit: 50 Minuten

Insgesamt:
E: 11 g, F: 3 g, Kh: 636 g,
kJ: 11330, kcal: 2673

Tipp:
Die Konfitüre schmeckt gut zu Vanilleeis mit Schokoladensauce.
Statt gelber Pflaumen können auch Renekloden verwendet werden.

Gelbe Pflaumenkonfitüre mit Lavendelblüten

Zum Verschenken

Zutaten:

1000 g	gelbe Pflaumen (vorbereitet gewogen)
1	Bio-Orange (unbehandelt, ungewachst)
400 g	Orangenfilets mit Saft (vorbereitet gewogen) von der Bio-Orange und 2–3 weiteren Orangen
1 Pck. (500 g)	Super Gelier Zucker 3:1
etwa 5 Stängel	getrocknete Lavendelblüten (unbehandelt) oder
1 EL	frische, unbehandelte Lavendelblüten

1. Pflaumen heiß waschen, trockentupfen, halbieren und entsteinen. 1000 g Fruchtfleisch abwiegen und in kleine Würfel schneiden.

2. Bio-Orange heiß abwaschen und abtrocknen. Die Schale möglichst dünn abschälen und in kurze, feine Streifen schneiden. Alle Orangen, auch die Bio-Orange so schälen, dass die weiße Haut vollständig entfernt wird. Orangenfilets herausschneiden, dabei den Saft auffangen. Von den Orangenfilets und dem aufgefangen Saft insgesamt 400 g abwiegen. Die Orangenfilets in kleine Stücke schneiden. Die Lavendelblüten von den Stängeln streifen.

3. Pflaumenwürfel, Orangenstücke, Orangensaft und -schale mit Gelier Zucker in einem großen Kochtopf gut verrühren.

4. Alles unter Rühren bei starker Hitze zum Kochen bringen und mindestens 3 Minuten unter ständigem Rühren sprudelnd kochen lassen. Den Topf von der Kochstelle nehmen.

5. Kochgut eventuell abschäumen. Die Lavendelblüten unter die Konfitüre rühren und sofort randvoll in vorbereitete Gläser füllen. Gläser mit Twist-off-Deckeln® verschließen, umdrehen und etwa 5 Minuten auf dem Deckel stehen lassen.

Konfitüre

ergibt etwa 7 Gläser
zu je 200 ml

Zubereitungszeit: 60 Minuten

Insgesamt:
E: 19 g, F: 21 g, Kh: 1252 g, kJ: 22523, kcal: 5383

Orangen-Möhren-Konfitüre

Raffiniert – für Kinder

Zutaten:

500 g	Möhren (vorbereitet gewogen)
2	Bio-Orangen (unbehandelt, ungewachst)
500 g	Orangenfilets mit Saft (vorbereitet gewogen) von den Bio-Orangen und 3–4 weiteren Orangen
1 Beutel (20 g)	Gelfix Classic 1:1
1150 g	Zucker
3 EL	Zitronensaft
3 EL	grob gehackte Cashewkerne

1. Möhren putzen, schälen, waschen, abtropfen lassen, auf einer Haushaltsreibe reiben und 500 g abwiegen.

2. Bio-Orangen heiß abwaschen, abtrocknen und die Schale mit einem Zestenreißer abziehen oder dünn abschälen und in feine Streifen schneiden.

3. Alle Orangen so schälen, dass die weiße Haut vollständig entfernt wird. Orangenfilets herausschneiden, dabei den Saft auffangen. Von den Orangenfilets und dem aufgefangenen Saft insgesamt 500 g abwiegen.

4. Möhrenraspel, Orangenstücke, -saft und -schale in einen großen Kochtopf geben. Gelfix Classic zuerst mit 2 Esslöffeln der abgewogenen Zuckermenge mischen, dann mit der Möhren-Orangen-Masse gut verrühren.

5. Die Zutaten unter Rühren bei starker Hitze zum Kochen bringen. Sobald alles bei ständigem Rühren sprudelnd kocht, restlichen Zucker hinzufügen. Alles unter Rühren wieder zum Kochen bringen und mindestens 3 Minuten unter ständigem Rühren sprudelnd kochen lassen. Topf von der Kochstelle nehmen. Zitronensaft und Cashewkerne unterrühren.

6. Kochgut eventuell abschäumen und sofort randvoll in vorbereitete Gläser füllen. Gläser mit Twist-off-Deckeln® verschließen, umdrehen und etwa 5 Minuten auf dem Deckel stehen lassen.

Konfitüre

ergibt etwa 5 Gläser
zu je 200 ml

Zubereitungszeit: 45 Minuten, ohne Abkühlzeit

Insgesamt:
E: 17 g, F: 29 g, Kh: 562 g, kJ: 11060, kcal: 2614

Tipp:
Die Konfitüre schmeckt zu Zitronenmousse, Joghurtcreme oder Vanillequark. Schichtkonfitüren sind kühl gestellt nur etwa 3 Monate haltbar.

Schichtkonfitüre Erdbeer-Pfirsich

Raffiniert

Zutaten:

50 g	abgezogene, gehobelte Mandeln
500 g	Pfirsiche (vorbereitet gewogen)
470 g	Erdbeeren (vorbereitet gewogen)
3 EL	Zitronensaft
1 Pck. (500 g)	Extra Gelier Zucker 2:1

1. Mandeln in einer Pfanne ohne Fett goldbraun rösten, herausnehmen und auf einem Teller erkalten lassen.

2. Pfirsiche abspülen, an der Unterseite kreuzweise einschneiden, kurz in kochendes Wasser legen, herausnehmen, mit kaltem Wasser abschrecken und die Haut abziehen. Pfirsiche halbieren und entsteinen. Das Fruchtfleisch in etwa 1 x 1 cm große Würfel schneiden und 500 g abwiegen. Pfirsichwürfel mit 250 g Gelier Zucker in einem Kochtopf verrühren.

3. Erdbeeren putzen, waschen, gut abtropfen lassen und entstielen. 470 g Erdbeeren abwiegen, in kleine Stücke schneiden und in einen Kochtopf geben. Mit Zitronensaft und dem restlichen Gelier Zucker gut verrühren. Die Zutaten unter Rühren bei starker Hitze zum Kochen bringen und mindestens 3 Minuten unter ständigem Rühren sprudelnd kochen lassen. Topf von der Kochstelle nehmen.

4. Kochgut eventuell abschäumen. Die Konfitüre jeweils etwa halbhoch in die vorbereiteten Gläser füllen. Zwei Drittel der Mandeln daraufstreuen.

5. Die Pfirsichmasse unter Rühren bei starker Hitze zum Kochen bringen und mindestens 3 Minuten unter ständigem Rühren sprudelnd kochen lassen.

6. Kochgut eventuell abschäumen. Restliche Mandeln unterheben und sofort in die bereits halbvoll gefüllten Gläser füllen. Gläser mit Twist-off-Deckeln® verschließen. Gläser nach 15 Minuten umdrehen und etwa 5 Minuten auf dem Deckel stehen lassen.

Konfitüre

Brombeerkonfitüre
Klassisch

ergibt etwa 7 Gläser
zu je 200 ml

Zubereitungszeit:
45 Minuten

Insgesamt:
E: 12 g, F: 10 g, Kh: 1172 g,
kJ: 20668, kcal: 4941

Tipp:
Nach Belieben 3 Esslöffel Gin unter die fertige Konfitüre rühren.

Zutaten:

1000 g	Brombeeren (vorbereitet gewogen)
1150 g	Zucker
1 Beutel (20 g)	Gelfix Classic 1:1

1. Brombeeren verlesen, entstielen, vorsichtig waschen, gut abtropfen lassen und 1000 g abwiegen. Die Früchte zerdrücken, am besten mit einem Stampfer oder mit einem Schneidstab zerkleinern.

2. Brombeermus in einen großen Kochtopf geben. Gelfix Classic zuerst mit 2 Esslöffeln der abgewogenen Zuckermenge mischen, dann mit dem Brombeermus gut verrühren.

3. Die Zutaten unter Rühren bei starker Hitze zum Kochen bringen. Sobald alles bei ständigem Rühren sprudelnd kocht, restlichen Zucker hinzufügen. Alles unter Rühren wieder zum Kochen bringen und mindestens 3 Minuten unter ständigem Rühren sprudelnd kochen lassen. Topf von der Kochstelle nehmen.

4. Kochgut eventuell abschäumen und sofort randvoll in vorbereitete Gläser füllen. Gläser mit Twist-off-Deckeln® verschließen, umdrehen und etwa 5 Minuten auf dem Deckel stehen lassen.

Erdbeerkonfitüre
Klassisch

ergibt etwa 5 Gläser
zu je 200 ml

Zubereitungszeit: 40 Minuten

Insgesamt:
E: 8 g, F: 4 g, Kh: 574 g,
kJ: 10442, kcal: 2494

Zutaten:

1000 g	Erdbeeren (vorbereitet gewogen)
500 g	Zucker
1 Beutel (25 g)	Gelfix Extra 2:1
evtl. 3 EL	Mandellikör

1. Erdbeeren waschen, gut abtropfen lassen, entstielen, in kleine Stücke schneiden und 1000 g abwiegen.

2. Erdbeeren in einen großen Kochtopf geben. Abgewogene Zuckermenge mit Gelfix Extra mischen, dann mit den Erdbeerstückchen verrühren. Die Zutaten unter Rühren bei starker Hitze zum Kochen bringen und mindestens 3 Minuten unter ständigem Rühren sprudelnd kochen lassen. Topf von der Kochstelle nehmen. Nach Belieben Mandellikör unterrühren.

3. Das Kochgut eventuell abschäumen und sofort randvoll in vorbereitete Gläser füllen. Gläser mit Twist-off-Deckeln® verschließen, umdrehen und etwa 5 Minuten auf dem Deckel stehen lassen.

Konfitüre

Schichtkonfitüre Kürbis-Preiselbeer

Raffiniert

ergibt etwa 5 Gläser zu je 200 ml

Zubereitungszeit: 50 Minuten

Insgesamt:
E: 7 g, F: 2 g, Kh: 555 g, kJ: 9834, kcal: 2322

Tipp:
Konfitüre zu Geflügelaufschnitt oder zu mariniertem Fisch reichen. Schichtkonfitüre ist kühl gestellt nur etwa 3 Monate haltbar.

Zutaten:

Für die Kürbiskonfitüre:

500 g	Kürbisfruchtfleisch vom Hokaido-Kürbis (vorbereitet gewogen)
½ TL	Ingwerwürfel (vorbereitet abgemessen)
Schale	von ½ Bio-Orange (unbehandelt, ungewachst)
250 ml (¼ l)	frisch gepreßter Orangensaft (von 4–5 Orangen)
375 g	Extra Gelier Zucker 2:1

Für Preiselbeerkonfitüre:

250 g	Preiselbeeren (vorbereitet gewogen)
125 g	Extra Gelier Zucker 2:1

1. Für die Kürbis-Konfitüre Kürbis schälen, halbieren, entkernen, in kleine Würfel schneiden und 500 g Fruchtfleisch abwiegen. Ingwer schälen, in sehr kleine Würfel schneiden und einen halben Teelöffel davon abmessen. Orange heiß abwaschen, abtrocknen, die Schale dünn abschälen und in feine Streifen schneiden. Orangen auspressen und 250 ml (¼ l) Saft abmessen.

2. Für die Preiselbeerkonfitüre Preiselbeeren verlesen, waschen, gut abtropfen lassen und 250 g abwiegen.

3. Für die Kürbiskonfitüre Kürbiswürfel mit Ingwer, Orangenschale und -saft in einen Kochtopf geben, mit einem Pürierstab zerkleinern. Gelier-Zucker (375 g) gut unterrühren.

4. Die Zutaten unter Rühren bei starker Hitze zum Kochen bringen und 3 Minuten unter ständigem Rühren sprudelnd kochen lassen. Topf von der Kochstelle nehmen.

5. Kochgut eventuell abschäumen und sofort bis zu einem Drittel in die vorbereiteten Gläser füllen.

6. Für die Preiselbeerkonfitüre Preiselbeeren in einem kleinen Kochtopf (etwa 2-l-Inhalt) mit Gelier Zucker (125 g) gut verrühren, unter Rühren bei starker Hitze zum Kochen bringen und 3 Minuten unter ständigem Rühren sprudelnd kochen lassen. Topf von der Kochstelle nehmen.

7. Kochgut eventuell abschäumen und vorsichtig auf der Kürbiskonfitüre verteilen. Restliche Kürbiskonfitüre vorsichtig mit 1 Esslöffel auf die Preiselbeerkonfitüre geben, bis die Gläser randvoll sind.

8. Gläser mit Twist-off-Deckeln® verschließen. Die Gläser nicht umdrehen, sonst laufen die Konfitüren ineinander.

Weinbergpfirsich-Konfitüre
Mit Alkohol

ergibt etwa 7 Gläser
zu je 200 ml

Zubereitungszeit: 40 Minuten

Insgesamt:
E: 11 g, F: 1 g, Kh: 598 g,
kJ: 11274, kcal: 2665

Tipp:
Statt Zitronenmelisse kann auch Pfefferminze genommen werden.

Zutaten:

1250 g	Weinbergpfirsiche (vorbereitet gewogen)
1 EL	Zitronenmelisse (in Streifen geschnitten)
250 ml (1/4 l)	Weißwein, z. B. Riesling
1 Pck. (500 g)	Super Gelier Zucker 3:1
1 Pck. (5 g)	Zitronensäure

1. Pfirsiche abspülen und abtropfen lassen. Zwei Drittel der Pfirsiche an der Unterseite kreuzweise einschneiden. Pfirsiche kurz in kochendes Wasser legen, herausnehmen und mit kaltem Wasser abschrecken. Die Haut abziehen. Alle Pfirsiche halbieren und entsteinen. 1250 g Fruchtfleisch abwiegen und in kleine Stücke schneiden.

2. Zitronenmelisseblättchen abspülen, trockentupfen und in feine Streifen schneiden.

3. Pfirsichstücke und Weißwein in einen großen Kochtopf geben, mit Gelier Zucker und Zitronensäure gut verrühren.

4. Die Zutaten unter Rühren bei starker Hitze zum Kochen bringen und etwa 2 Minuten unter ständigem Rühren sprudelnd kochen lassen. Zitronenmelissestreifen hinzufügen und noch 1 Minute unter Rühren sprudelnd kochen lassen. Topf von der Kochstelle nehmen.

5. Kochgut eventuell abschäumen und sofort randvoll in vorbereitete Gläser füllen. Gläser mit Twist-off-Deckeln® verschließen, umdrehen und etwa 5 Minuten auf dem Deckel stehen lassen. Gläser während des Erkaltens gelegentlich umdrehen, damit sich die Melissestreifen besser verteilen.

Preiselbeerkonfitüre mit Portwein
Mit Alkohol

ergibt etwa 7 Gläser
zu je 200 ml

Zubereitungszeit: 40 Minuten

Insgesamt:
E: 3 g, F: 5 g, Kh: 1220 g,
kJ: 21597, kcal: 5164

Zutaten:

850 g	Preiselbeeren (vorbereitet gewogen)
125 ml (1/8 l)	roter Portwein
1 Beutel (20 g)	Gelfix Classic 1:1
1150 g	Zucker

1. Preiselbeeren verlesen, waschen, gut abtropfen lassen und 850 g abwiegen.

2. Preiselbeeren und Portwein in einen großen Kochtopf geben. Gelfix Classic zuerst mit 2 Esslöffeln der abgewogenen Zuckermenge mischen, dann mit der Preiselbeermasse gut verrühren.

3. Die Zutaten unter Rühren bei starker Hitze zum Kochen bringen. Sobald alles bei ständigem Rühren sprudelnd kocht, restlichen Zucker hinzufügen. Alles unter Rühren wieder zum Kochen bringen und mindestens 3 Minuten unter ständigem Rühren sprudelnd kochen lassen. Topf von der Kochstelle nehmen.

4. Kochgut eventuell abschäumen und sofort randvoll in vorbereitete Gläser füllen. Gläser mit Twist-off-Deckeln® verschließen, umdrehen und etwa 5 Minuten auf dem Deckel stehen lassen.

Konfitüre

ergibt etwa 5 Gläser
zu je 200 ml

Zubereitungszeit: 40 Minuten

Insgesamt:
E: 7 g, F: 4 g, Kh: 601 g,
kJ: 11502, kcal: 2715

Tipp:
Statt Pfefferminzlikör für Kinder Waldmeister-Sirup oder Waldmeister-Dessert-Sauce verwenden. Konfitüre zu Käse oder zu Wildbraten reichen.

Kiwi-Birnen-Konfitüre mit Pfefferminzlikör

Mit Alkohol

Zutaten:

450 g	Kiwi (vorbereitet gewogen)
300 g	Birnen (vorbereitet gewogen)
100 g	kernlose, grüne Weintrauben (vorbereitet gewogen)
100 ml	Pfefferminzlikör
1 Pck. (500 g)	Extra Gelier Zucker 2:1

1. Kiwi schälen, halbieren, in Stücke schneiden und abwiegen. Birnen schälen, halbieren, entkernen, in kleine Würfel schneiden und 300 g abwiegen. Weintrauben waschen, gut abtropfen lassen, entstielen, halbieren und 100 g abwiegen.

2. Vorbereitete Fruchtstücke mit Likör in einen großen Topf geben und mit Gelier Zucker verrühren. Die Zutaten unter Rühren bei starker Hitze zum Kochen bringen und mindestens 3 Minuten unter ständigem Rühren sprudelnd kochen lassen. Topf von der Kochstelle nehmen.

3. Kochgut eventuell abschäumen und sofort randvoll in vorbereitete Gläser füllen. Gläser mit Twist-off-Deckeln® verschließen, umdrehen und etwa 5 Minuten auf dem Deckel stehen lassen.

Marmelade

Orangen-Limetten-Marmelade (Foto)

Raffiniert

ergibt etwa 5 Gläser zu je 200 ml

Zubereitungszeit: 30 Minuten

Insgesamt:
E: 4 g, F: 1 g, Kh: 562 g, kJ: 10054, kcal: 2373

Zutaten:

200 ml	Limettensaft (Saft von etwa 6 Limetten)
400 g	Orangenfilets mit Saft von etwa 5 Orangen (vorbereitet gewogen)
400 ml	Orangensaft (Handelsware)
1 Pck. (500 g)	Extra Gelier Zucker 2:1

1. Limetten auspressen und 200 ml Saft abmessen. Orangen so schälen, dass die weiße Haut vollständig entfernt wird. Orangenfilets herausschneiden, dabei den Saft auffangen. Von den Orangenfilets und dem Saft insgesamt 400 g abwiegen.

2. Limettensaft, Orangenfilets und -saft (auch die Handelsware) in einem Kochtopf mit Extra Gelier Zucker gut verrühren. Die Zutaten unter Rühren bei starker Hitze zum Kochen bringen und mindestens 3 Minuten unter ständigem Rühren sprudelnd kochen lassen. Topf von der Kochstelle nehmen.

3. Kochgut eventuell abschäumen und sofort randvoll in vorbereitete Gläser füllen. Gläser mit Twist-off-Deckeln® verschließen, umdrehen und etwa 5 Minuten auf dem Deckel stehen lassen.

Limettenmarmelade

Raffiniert

ergibt 7–8 Gläser zu je 200 ml

Zubereitungszeit: 45 Minuten

Insgesamt:
E: 2 g, F: 2 g, Kh: 1178 g, kJ: 20520, kcal: 4905

Zutaten:

2	Bio-Limetten (unbehandelt, ungewachst)
1	Bio-Zitrone (unbehandelt, ungewachst)
3	Zitronen
6	Limetten
1 Beutel (20 g)	Gelfix Classic 1:1
1150 g	Zucker

1. Bio-Limetten und Bio-Zitrone heiß abwaschen, abtrocknen und die Schale jeweils dünn abschälen, Schalen in feine Streifen schneiden oder mit einem Zestenreißer abziehen.

2. Die Zitronen (auch die Bio-Zitronen) so dick schälen, dass die weiße Haut vollständig entfernt wird. Filets mit einem scharfen Messer aus den Trennhäuten schneiden, dabei den Saft auffangen.

3. Limetten (auch die Bio-Limetten) auspressen. Limettenschale, -saft, Zitronenschale, -saft und Zitronenfilets in einen Messbecher geben, mit Wasser auf 850 ml auffüllen.

4. Die Fruchtmasse in einen großen Kochtopf geben. Gelfix Classic zuerst mit 2 Esslöffeln der abgewogenen Zuckermenge mischen, dann mit der Fruchtmasse gut verrühren.

5. Die Zutaten unter Rühren bei starker Hitze zum Kochen bringen. Sobald alles bei ständigem Rühren sprudelnd kocht, restlichen Zucker hinzufügen. Alles unter Rühren wieder zum Kochen bringen und mindestens 3 Minuten unter ständigem Rühren sprudelnd kochen lassen. Topf von der Kochstelle nehmen.

6. Kochgut eventuell abschäumen und sofort randvoll in vorbereitete Gläser füllen. Gläser mit Twist-off-Deckeln® verschließen, umdrehen und etwa 5 Minuten auf dem Deckel stehen lassen.

Verpackungstipp:
Ein Marmeladenglas auf einen Frühstücksteller legen, ein Messer dazulegen und alles großzügig in Klarsichtfolie einpacken.

Pink-Grapefruit-Marmelade

Erfrischend

ergibt etwa 7 Gläser zu je 200 ml

Zubereitungszeit: 60 Minuten

Insgesamt:
E: 6 g, F: 2 g, Kh: 1234 g, kJ: 21508, kcal: 5141

Tipp:
Sie können die Grapefruits auch einfach auspressen und den Saft mit dem Fruchtfleisch verwenden.

Zutaten:

1000 g	Pink Grapefruitfilets und -saft (vorbereitet gewogen, von etwa 8 Pink Grapefruits)
1 Beutel (20 g)	Gelfix Classic 1:1
1150 g	Zucker

1. Grapefruits mit einem scharfen Messer so schälen, dass die weiße Haut dabei vollständig entfernt wird. Fruchtfilets herausschneiden, Saft dabei auffangen und insgesamt 1000 g abwiegen.

2. Grapefruitsfiles mit dem aufgefangenen Saft in einen großen Kochtopf geben. Gelfix Classic zuerst mit 2 Esslöffeln der abgewogenen Zuckermenge mischen, dann mit der Fruchtmasse gut verrühren.

3. Die Zutaten unter Rühren bei starker Hitze zum Kochen bringen. Sobald alles bei ständigem Rühren sprudelnd kocht, restlichen Zucker hinzufügen. Alles unter Rühren wieder zum Kochen bringen und mindestens 3 Minuten unter ständigem Rühren sprudelnd kochen lassen. Topf von der Kochstelle nehmen.

4. Kochgut eventuell abschäumen und sofort randvoll in vorbereitete Gläser füllen. Gläser mit Twist-off-Deckeln® verschließen, umdrehen und etwa 5 Minuten auf dem Deckel stehen lassen.

Variante 1: Für **Grapefruit-Granatapfel-Konfitüre** können Sie 100 g Grapefruits durch 100 ml frisch gepressten Granatapfelsaft ersetzen. Dazu 1 Granatapfel halbieren und den Saft mit einer Zitruspresse auspressen.

Variante 2: Für **Grapefruitmarmelade mit Schale** 1 Bio-Grapefruit (unbehandelt, ungewachst) vor dem Schälen heiß abwaschen, trockenreiben, dünn schälen und die Schale in sehr feine Streifen schneiden oder die Grapefruit mit einem Zestenreißer abschälen. Die Schale mit den Grapefruitfilets und dem Saft in den Kochtopf geben. Die gefüllten Gläser während des Erkaltens gelegentlich umdrehen, damit sich die Schale besser verteilt.

Variante 3: Für **Grapefruit-Cointreau-Marmelade** 50 ml Cointreau (Orangenlikör) nach dem Kochen in die Marmelade rühren.

ergibt etwa 4 Gläser
zu je 200 ml

Zubereitungszeit: 30 Minuten

Insgesamt:
E: 3 g, F: 1 g, Kh: 492 g,
kJ: 8727, kcal: 2085

Tipp:
Gläser während des Erkaltens gelegentlich umdrehen, damit sich die Mandarinenstücke besser verteilen.
Bei ungezuckerten Mandarinenkonserven kann der abgetropfte Saft mitverwendet werden (Orangensaft entsprechend reduzieren).

Mandarinenmarmelade (Foto)

Für Kinder

Zutaten:

3	kleine Dosen Mandarinen (Abtropfgewicht je 175 g)
Saft	von 1 Zitrone
etwa 450 ml	Orangensaft
350 g	Zucker
1 Beutel (25 g)	Gelfix Super 3:1

1. Mandarinen in einem Sieb abtropfen lassen und große Fruchtstückchen klein schneiden, 500 g abwiegen. Zitrone auspressen. Den Zitronensaft mit Orangensaft auf 500 ml auffüllen.

2. Mandarinen und den Saft in einen großen Kochtopf geben. Abgewogenen Zucker mit Gelfix Super mischen und mit der Fruchtmasse verrühren. Die Zutaten bei starker Hitze unter Rühren zum Kochen bringen und mindestens 3 Minuten unter ständigem Rühren sprudelnd kochen lassen. Topf von der Kochstelle nehmen.

3. Kochgut eventuell abschäumen und sofort randvoll in vorbereitete Gläser füllen. Gläser mit Twist-off-Deckeln® verschließen, umdrehen und etwa 5 Minuten auf dem Deckel stehen lassen.

ergibt 7–8 Gläser
zu je 200 ml

Zubereitungszeit: 35 Minuten

Insgesamt:
E: 10 g, F: 2 g, Kh: 1243 g,
kJ: 21519, kcal: 5142

Tipp:
Nach Belieben nach dem Kochvorgang 75 ml Whisky, Rum oder Orangenlikör unterrühren.

Orangenmarmelade

Gut vorzubereiten

Zutaten:

25 g	Orangenschale (vorbereitet gewogen – von 3 Bio-Orangen, [unbehandelt, ungewachst])
1000 g	Orangenfilets und -saft (vorbereitet gewogen von den Bio-Orangen und 5–6 weiteren Orangen)
1 Beutel (20 g)	Gelfix Classic 1:1
1150 g	Zucker

1. Bio-Orangen heiß abwaschen, abtrocknen und die Schale dünn abschälen. Orangenschale in Streifen schneiden. 25 g abwiegen. Alle Orangen so schälen, dass die weiße Haut vollständig entfernt wird. Orangen filetieren, in Stücke schneiden, Saft dabei auffangen und insgesamt 1000 g abwiegen.

2. Orangenstücke und -saft in einen großen Topf geben und mit der Orangenschale mischen. Gelfix Classic zuerst mit 2 Esslöffeln der abgewogenen Zuckermenge mischen, dann mit der Orangenmasse gut verrühren.

3. Die Zutaten unter Rühren bei starker Hitze zum Kochen bringen. Sobald alles bei ständigem Rühren sprudelnd kocht, restlichen Zucker hinzufügen. Alles unter Rühren wieder zum Kochen bringen und mindestens 3 Minuten unter ständigem Rühren sprudelnd kochen lassen. Topf von der Kochstelle nehmen.

4. Kochgut eventuell abschäumen und sofort randvoll in vorbereitete Gläser füllen. Gläser mit Twist-off-Deckeln® verschließen, umdrehen und etwa 5 Minuten auf dem Deckel stehen lassen.

Gelee

Klar, fruchtig und süß

Gelee wird aus klarem Fruchtsaft zubereitet. Schön ist es, wenn Früchte, Blüten oder Kräuter ins Gelee gegeben werden. Sie verkürzen jedoch die Haltbarkeit.

Gelee

ergibt 7–8 Gläser
zu je 200 ml

Zubereitungszeit: 45 Minuten

Insgesamt:
E: 12 g, F: 3 g, Kh: 1101 g,
kJ: 19335, kcal: 4620

Tipp:
Wer den herben Geschmack der Orangenschalen nicht mag, lässt die Orangenschalenstreifen weg.

Herbsüßes Orangengelee mit Himbeeren

Mit Alkohol

Zutaten:

9–10	saftige Orangen (davon 2 Bio-Orangen, unbehandelt, ungewachst)
250 g	Himbeeren (vorbereitet gewogen)
1000 g	Zucker
1 Beutel (20 g)	Gelfix Classic 1:1
1 Pck. (5 g)	Zitronensäure
3–4 EL	Rotwein

1. Die Bio-Orangen heiß abwaschen, abtrocknen und die Schale mit einem Zestenreißer in feinen Streifen abziehen. Oder die Orange dünn schälen und die Schale in feine Streifen schneiden.

2. Alle Orangen auspressen. 750 ml Saft abmessen. Himbeeren verlesen und abwiegen.

3. Orangensaft und -schale in einen großen Topf geben. Gelfix Classic zuerst mit 2 Esslöffeln der abgewogenen Zuckermenge mischen, dann mit der Orangenmasse gut verrühren.

4. Die Zutaten unter Rühren bei starker Hitze zum Kochen bringen. Sobald alles bei ständigem Rühren sprudelnd kocht, restlichen Zucker und Zitronensäure hinzufügen. Alles unter Rühren wieder zum Kochen bringen und mindestens 3 Minuten unter ständigem Rühren sprudelnd kochen lassen. Himbeeren hinzufügen und 1 Minute sprudelnd kochen lassen. Topf von der Kochstelle nehmen. Rotwein unterrühren.

5. Kochgut eventuell abschäumen und sofort randvoll in vorbereitete Gläser füllen. Gläser mit Twist-off-Deckeln® verschließen, umdrehen und etwa 5 Minuten auf dem Deckel stehen lassen.

Gelee

Sauerkirschgelee mit grünem Pfeffer (Foto)

Raffiniert

ergibt etwa 5 Gläser zu je 200 ml

Zubereitungszeit: 15 Minuten

Insgesamt:
E: 3 g, F: 1 g, Kh: 494 g,
kJ: 8623, kcal: 2060

Tipp:
Das Gelee schmeckt gut zu Frischkäse oder leicht erwärmt als Sauce zu warmem Schokoladenkuchen.

Zutaten:

1–2 TL	eingelegter, grüner Pfeffer
750 ml (3/4 l)	Apfel-Kirsch-Saft (ungesüßt, Handelsware)
400 g	Zucker
1 Beutel (25 g)	Gelfix Extra 2:1

1. Pfefferkörner in einem Sieb unter fließendem kalten Wasser abspülen, abtropfen lassen und klein hacken.

2. Apfel-Kirsch-Saft in einen großen Kochtopf geben. Zucker mit Gelfix mischen und unterrühren.

3. Die Zutaten unter Rühren bei starker Hitze zum Kochen bringen und mindestens 3 Minuten unter ständigem Rühren sprudelnd kochen lassen. Topf von der Kochstelle nehmen.

4. Kochgut eventuell abschäumen, Pfefferstückchen unterrühren.

5. Kochgut sofort randvoll in vorbereitete Gläser füllen. Gläser mit Twist-off-Deckeln® verschließen, umdrehen und etwa 5 Minuten auf dem Deckel stehen lassen. Gläser während des Erkaltens gelegentlich umdrehen, damit sich die Pfefferstückchen gleichmäßig verteilen.

Quittengelee

Einfach

ergibt 7–8 Gläser zu je 200 ml

Zubereitungszeit: 60 Minuten

Insgesamt:
E: 3 g, F: 4 g, Kh: 1067 g,
kJ: 18419, kcal: 4399

Zutaten:

1 1/2 kg	reife Quitten (vorbereitet gewogen)
1125 ml (1 1/8 l)	Wasser
1 Beutel (20 g)	Gelfix Classic 1:1
1000 g	Zucker

1. Von den Quitten den Flaum mit einem trockenen Tuch abreiben. Quitten abspülen, abtropfen lassen, vierteln, Kerne und Blütenansätze entfernen. Quittenviertel in Stücke schneiden.

2. Quittenstücke mit Wasser in einen großen Kochtopf geben, zum Kochen bringen und zugedeckt etwa 40 Minuten bei schwacher Hitze kochen lassen.

3. Ein Sieb mit einem feuchten Küchentuch (Mulltuch) auslegen, Quittenstücke mit dem Saft hineingeben, abtropfen lassen, dabei den Saft auffangen und 850 ml abmessen.

4. Abgemessenen Fruchtsaft in einen Kochtopf geben. Gelfix Classic zuerst mit 2 Esslöffeln der abgewogenen Zuckermenge mischen, dann mit dem Fruchtsaft verrühren.

5. Die Zutaten unter Rühren bei starker Hitze zum Kochen bringen. Sobald alles bei ständigem Rühren sprudelnd kocht, restlichen Zucker hinzufügen.

6. Alles unter Rühren zum Kochen bringen und mindestens 3 Minuten unter ständigem Rühren sprudelnd kochen lassen. Topf von der Kochstelle nehmen.

7. Kochgut eventuell abschäumen und sofort randvoll in vorbereitete Gläser füllen. Gläser mit Twist-off-Deckeln® verschließen, umdrehen und etwa 5 Minuten auf dem Deckel stehen lassen.

Quittengelee mit Basilikum

Raffiniert

ergibt etwa 5 Gläser zu je 200 ml

Zubereitungszeit: 60 Minuten

Insgesamt:
E: 3 g, F: 3 g, Kh: 423 g, kJ: 7482, kcal: 1785

Zutaten:

2 kg	reife Quitten
5 EL	Zitronensaft
1 l	Wasser
5 Stängel	Basilikum
1 Beutel (25 g)	Gelfix Extra 2:1
100 g	brauner Zucker
300 g	Zucker

1. Von den Quitten den Flaum mit einem trockenen Tuch abreiben. Quitten abspülen, abtropfen lassen, vierteln, Kerne und Blütenansätze entfernen. Quittenviertel in etwa 1 cm dicke Scheiben schneiden. Quittenscheiben mit Zitronensaft und Wasser in einem großen Kochtopf mischen, zum Kochen bringen und zugedeckt etwa 40 Minuten bei schwacher Hitze kochen lassen.

2. Ein Sieb mit einem feuchten Küchentuch (Mulltuch) auslegen, Quittenscheiben mit dem Saft hineingeben, abtropfen lassen, dabei den Saft auffangen.

3. Anschließend die Quittenscheiben mit Hilfe des Tuches ausdrücken und den Saft ebenfalls auffangen. 750 ml (3/4 l) Saft abmessen.

4. Basilikum abspülen und trockentupfen. Die Blättchen von den Stängeln zupfen.

5. Abgemessenen Saft in einen großen Kochtopf geben. Beide Zuckersorten mit Gelfix mischen und unter den Fruchtsaft rühren. Alles unter Rühren bei starker Hitze zum Kochen bringen und mindestens 3 Minuten unter ständigem Rühren sprudelnd kochen lassen. Basilikumblättchen in breite Streifen schneiden.

6. Den Topf von der Kochstelle nehmen. Kochgut eventuell abschäumen, Basilikumstreifen unterrühren.

7. Kochgut sofort randvoll in vorbereitete Gläser füllen. Gläser mit Twist-off-Deckeln® verschließen, umdrehen und etwa 5 Minuten auf dem Deckel stehen lassen.

8. Gläser während des Erkaltens gelegentlich umdrehen, damit sich die Basilikumstreifen besser verteilen.

Tipp:
Das Gelee schmeckt gut zu Quark, Frischkäse oder Camembert. Etwas Gelee und einige rosa Pfefferbeeren in den Bratensaft von Rindersteaks gerührt, gibt dem Bratensaft eine leichte Bindung und einen fein würzigen Geschmack.

Gelee

Rhabarber-Campari-Gelee mit rosa Pfefferbeeren

Mit Alkohol

ergibt etwa 6 Gläser zu je 200 ml

Zubereitungszeit: 60 Minuten

Insgesamt:
E: 6 g, F: 2 g, Kh: 1089 g, kJ: 18575, kcal: 4567

Verpackungstipp:
Von einem Stück rotgold glänzenden Stoff Kreise (etwa 4 cm größer als die Deckel) ausschneiden und mit feinem Golddraht oder mit einer Kordel über die Deckel spannen.

Zutaten:

1000 g	Rhabarber (vorbereitet gewogen)
250 ml (1/4 l)	Wasser
1 Beutel (20 g)	Gelfix Classic 1:1
1000 g	Zucker
50 ml	Campari
2 TL	getrocknete rosa Pfefferbeeren

1. Rhabarber putzen, waschen, abtrocknen (nicht abziehen) und in ganz kleine Stücke schneiden. 1000 g Rhabarber abwiegen und in einen Topf geben. Wasser hinzugießen und unter Rühren bis kurz vor dem Kochen erhitzen. Rhabarber zugedeckt etwa 5 Minuten ziehen lassen.

2. Ein großes Küchensieb mit einem feuchten Küchentuch (Mulltuch) auslegen, Rhabarberstücke mit dem Saft hineingeben, abtropfen lassen, dabei den Saft auffangen. Rhabarbermasse kräftig auspressen und dabei ebenfalls den Saft auffangen.

3. 800 ml Saft abmessen (gegebenenfalls mit Wasser ergänzen) und in einen großen Kochtopf geben.

4. Gelfix Classic zuerst mit 2 Esslöffeln der abgewogenen Zuckermenge mischen, dann mit dem Rhabarbersaft gut verrühren.

5. Die Zutaten unter Rühren bei starker Hitze zum Kochen bringen. Sobald alles bei ständigem Rühren sprudelnd kocht, restlichen Zucker hinzufügen. Alles unter Rühren wieder zum Kochen bringen und mindestens 3 Minuten unter ständigem Rühren sprudelnd kochen lassen. Topf von der Kochstelle nehmen, Campari und Pfefferbeeren unterrühren.

6. Kochgut eventuell abschäumen und sofort randvoll in vorbereitete Gläser füllen. Gläser mit Twist-off-Deckeln® verschließen, umdrehen und etwa 5 Minuten auf dem Deckel stehen lassen.

7. Gläser während des Erkaltens gelegentlich umdrehen, damit sich die Pfefferbeeren besser verteilen.

Gelee

Zitronengelee mit Schale

Raffiniert

ergibt etwa 6 Gläser
zu je 200 ml

Zubereitungszeit: 25 Minuten

Insgesamt:
E: 0 g, F: 0 g, Kh: 1166 g,
kJ: 20448, kcal: 4889

Tipp:
Gläser während des Erkaltens gelegentlich umdrehen, damit sich die Zitronenschale besser verteilt.

Zutaten:

30 g	Zitronenschale von 2–3 Bio-Zitronen (unbehandelt, ungewachst, vorbereitet gewogen)
850 ml	Zitronensaft (von etwa 18 Zitronen)
1 Beutel (20 g)	Gelfix Classic 1:1
1000 g	Zucker

1. Bio-Zitronen heiß waschen, trockenreiben, mit einem Zestenreißer die Schale abziehen oder die Zitronen dünn schälen und die Schale in sehr feine Streifen schneiden, 30 g abwiegen. Alle Zitronen auspressen und 850 ml Saft abmessen.

2. Zitronensaft und -schale in einen großen Kochtopf geben. Gelfix Classic zuerst mit 2 Esslöffeln von der abgewogenen Zuckermenge mischen, dann mit dem Zitronensaft verrühren.

3. Die Zutaten unter ständigem Rühren bei starker Hitze zum Kochen bringen. Sobald alles bei ständigem Rühren sprudelnd kocht, restlichen Zucker hinzufügen. Alles unter Rühren wieder zum Kochen bringen und mindestens 3 Minuten unter ständigem Rühren sprudelnd kochen lassen. Topf von der Kochstelle nehmen.

4. Das Kochgut eventuell abschäumen und sofort randvoll in vorbereitete Gläser füllen. Gläser mit Twist-off-Deckeln® verschließen, umdrehen und etwa 5 Minuten auf dem Deckel stehen lassen.

Variante 1: Zitronen-Minz-Gelee
Um dem Gelee eine frische Note zu verleihen, können Sie nach 2 Minuten Kochzeit 1 gehäuften Esslöffel gehackte Minze hinzufügen und noch 1 Minute mitkochen lassen.

**Variante 2:
Zitronen-Limetten-Gelee**
Ersetzen Sie die Zitronenschale durch die Zesten von 1 Bio-Limette (unbehandelt, ungewachst). Reduzieren Sie den Zitronensaft um 40 ml und ersetzen Sie ihn durch den ausgepressten Saft der Limette.

Johannisbeergelee mit Zitronenthymian (Foto)

Fruchtig–würzig

ergibt etwa 5 Gläser zu je 200 ml

Zubereitungszeit: 45 Minuten, ohne Abkühlzeit

Insgesamt:
E: 8 g, F: 1 g, Kh: 691 g, kJ: 12221, kcal: 2883

Tipp:
Das Gelee schmeckt gut auf dunklem Brot oder Pumpernickel oder zu kurz gebratenem Fleisch oder frittierten Geflügelstücken.

Zutaten:

1,5 kg	rote Johannisbeeren (vorbereitet gewogen)
4 Stängel	Zitronenthymian
1 Pck. (500 g)	Extra Gelier Zucker 2:1

1. Johannisbeeren abspülen, abtropfen lassen und verlesen. Johannisbeeren im Schnellkochtopf oder Dampfentsafter entsaften (Gebrauchsanleitung des Geräteherstellers beachten). 900 ml Saft abmessen.

2. Zitronenthymian abspülen und trockentupfen. Die Blättchen von den Stängeln zupfen.

3. Fruchtsaft und Gelierzucker in einem großen Kochtopf verrühren. Die Zutaten unter Rühren bei starker Hitze zum Kochen bringen und mindestens 3 Minuten unter ständigem Rühren sprudelnd kochen lassen. Topf von der Kochstelle nehmen.

4. Kochgut eventuell abschäumen, Thymianblättchen unterrühren und sofort randvoll in vorbereitete Gläser füllen. Gläser mit Twist-off-Deckeln® verschließen, umdrehen und etwa 5 Minuten auf dem Deckel stehen lassen. Gläser während des Erkaltens gelegentlich umdrehen, damit sich die Thymianblättchen gleichmäßig verteilen.

Johannisbeergelee

Mit Alkohol

ergibt etwa 5 Gläser zu je 200 ml

Zubereitungszeit: 45 Minuten

Insgesamt:
E: 3 g, F: 1 g, Kh: 1127 g, kJ: 19922, kcal: 4760

Tipp:
Der Saft kann auch mit Hilfe eines Dampfentsafters aus der angegebenen Fruchtmenge aber ohne Wasserzugabe gewonnen werden.

Zutaten:

1 kg	rote Johannisbeeren (vorbereitet gewogen)
500 g	schwarze Johannisbeeren (vorbereitet gewogen)
1 Beutel (20 g)	Gelfix Classic 1:1
1000 g	Zucker
125 ml (1/8 l)	trockener Sherry

1. Johannisbeeren abspülen, abtropfen lassen und verlesen. Johannisbeeren im Schnellkochtopf oder Dampfentsafter entsaften (Gebrauchsanleitung der Geräte beachten). 725 ml Saft abmessen.

2. Abgemessenen Saft in einen großen Kochtopf geben. Gelfix Classic zuerst mit 2 Esslöffeln der abgewogenen Zuckermenge mischen, dann mit dem Fruchtsaft verrühren.

3. Die Zutaten unter Rühren bei starker Hitze zum Kochen bringen und mindestens 3 Minuten unter ständigem Rühren sprudelnd kochen lassen. Topf von der Kochstelle nehmen.

4. Kochgut eventuell abschäumen, Sherry unterrühren, nochmals kurz erhitzen und sofort randvoll in vorbereitete Gläser füllen. Gläser mit Twist-off-Deckeln® verschließen, umdrehen und etwa 5 Minuten auf dem Deckel stehen lassen.

Gelee

ergibt etwa 6 Gläser zu je 200 ml

Zubereitungszeit: 60 Minuten, ohne Abkühlzeit

Insgesamt:
E: 8 g, F: 3 g, Kh: 673 g, kJ: 12363, kcal: 2918

Tipp:
Die Haltbarkeit wird durch die Zugabe von Blütenblättern verkürzt.

Weintraubengelee mit Duftrosen

Mit Alkohol – zum Verschenken

Zutaten:

1500 g	Weintrauben, z. B. Muskattraube
250 ml (1/4 l)	Weißwein, z. B. Riesling
2–3	Duftrosen, z. B. Augusta Luise oder Sutters Gold, ungespritzt, beim Blumenhändler bestellen oder aus dem eigenen Garten
100 g	Weintrauben (vorbereitet gewogen)
150 ml	Weißwein, z. B. Riesling
1 Pck. (500 g)	Super Gelier Zucker 3:1
1 Pck. (5 g)	Zitronensäure

1. Weintrauben waschen, entstielen, mit Weißwein in einen Kochtopf geben, zum Kochen bringen und etwa 10 Minuten kochen und erkalten lassen.

2. Ein großes Küchensieb mit einem feuchten Küchentuch (Mulltuch) auslegen, Weintrauben mit dem Saft hineingeben, abtropfen lassen, dabei den Saft auffangen.

3. Anschließend die Weintrauben mit Hilfe des Tuches ausdrücken und ebenfalls den Saft auffangen. 1100 ml Saft abmessen und abkühlen lassen.

4. Die Duftrosen in Blütenblätter zerteilen, waschen und auf Küchenpapier gut abtropfen lassen. Weintrauben waschen, gut abtropfen lassen, halbieren und entkernen.

5. Den abgemessenen Weintraubensaft und Weißwein in einen großen Kochtopf geben, mit Super Gelier Zucker und Zitronensäure gut verrühren.

6. Die Zutaten unter Rühren bei starker Hitze zum Kochen bringen und etwa 2 Minuten unter ständigem Rühren sprudelnd kochen lassen. Weintraubenhälften hinzufügen und nochmals 1 Minute unter ständigem Rühren sprudelnd kochen lassen. Topf von der Kochstelle nehmen. Kochgut eventuell abschäumen.

7. Jeweils 4–5 Rosenblätter in die vorbereiteten Gläser geben. Das Kochgut sofort randvoll in die Gläser füllen. Dabei darauf achten, dass in jedem Glas 4–5 Weintraubenhälften sind.

8. Gläser mit Twist-off-Deckeln® verschließen, umdrehen und etwa 5 Minuten auf dem Deckel stehen lassen.

9. Gläser während des Erkaltens gelegentlich umdrehen, damit sich die Weintraubenhälften und Rosenblätter besser verteilen.

Gelee

ergibt etwa 6 Gläser
zu je 200 ml

Zubereitungszeit: 60 Minuten

Insgesamt:
E: 1 g, F: 5 g, Kh: 1074 g,
kJ: 18661, kcal: 4462

Tipp:
Wünschen Sie eine stärkere Festigkeit, rühren Sie 1 Päckchen Zitronensäure unter das heiße Gelee und machen Sie noch eine zweite Gelierprobe, ehe Sie das Gelee einfüllen.

Apfel-Limetten-Gelee

Einfach

Zutaten:

200 g	Limettenfilets und -saft (von etwa 6 Limetten, davon 1 Bio-Limette, unbehandelt, ungewachst)
650 ml	klarer Apfelsaft (Handelsware)
1 Beutel (20 g)	Gelfix Classic 1:1
1000 g	Zucker

1. Die Bio-Limette heiß abwaschen, trockenreiben und die Schale mit einem scharfen Messer dünn abschälen. Limettenschale in sehr feine Streifen schneiden oder die Limette mit einem Zestenreißer schälen.

2. Alle Limetten so schälen, dass die weiße Haut vollständig entfernt wird. Fruchtfilets herausschneiden, dabei den Saft auffangen und insgesamt 200 g Filets und Saft abwiegen. 650 ml Apfelsaft abmessen.

3. Limettenfilets und Säfte in einen großen Kochtopf geben. Gelfix Classic zuerst mit 2 Esslöffeln von der abgewogenen Zuckermenge mischen, dann mit der Fruchtmasse verrühren. Die Zutaten bei starker Hitze unter Rühren zum Kochen bringen. Sobald alles bei ständigem Rühren sprudelnd kocht, restlichen Zucker hinzufügen. Alles unter Rühren wieder zum Kochen bringen und mindestens 2 Minuten unter ständigem Rühren sprudelnd kochen lassen. Limettenschale hinzufügen und noch 1 Minute unter ständigem Rühren sprudelnd mitkochen lassen. Topf von der Kochstelle nehmen.

4. Kochgut eventuell abschäumen und sofort randvoll in vorbereitete Gläser füllen. Die Gläser mit Twist-off-Deckeln® verschließen, umdrehen und etwa 5 Minuten auf dem Deckel stehen lassen. Gläser während des Erkaltens gelegentlich umdrehen, damit sich die Limettenschale besser verteilt.

ergibt etwa 6 Gläser
zu je 200 ml

Zubereitungszeit: 30 Minuten

Insgesamt:
E: 3 g, F: 3 g, Kh: 1087 g,
kJ: 18674, kcal: 4459

Tipp:
1–2 Zimtstangen und 3–4 Nelken oder 2 Teelöffel Korianderkörner mitkochen lassen. Die Gewürze vor dem Abfüllen entfernen.

Apfelgelee

Klassisch

Zutaten:

1,5 kg	reife Äpfel (vorbereitet gewogen)
1 l	Wasser
1 Beutel (20 g)	Gelfix Classic 1:1
1000 g	Zucker

1. Äpfel waschen, von Blütenansätzen, Stielen und schlechten Stellen befreien. Äpfel klein schneiden und abwiegen. Apfelstücke mit Wasser in einem großen Topf zum Kochen bringen und weich kochen lassen.

2. Ein großes Sieb mit einem feuchten Küchentuch (Mulltuch) auslegen, den Fruchtbrei darauf geben (nicht auspressen), damit der Saft ablaufen kann. Von dem Saft 850 ml abmessen (eventuell mit Wasser ergänzen) und in einen großen Kochtopf geben.

3. Gelfix Classic zuerst mit 2 Esslöffeln der abgewogenen Zuckermenge mischen, dann mit dem Fruchtsaft verrühren.

(Fortsetzung Seite 84)

Gelee

ergibt etwa 5 Gläser
zu je 200 ml

Zubereitungszeit: 40 Minuten, ohne Abkühlzeit

Insgesamt:
E: 4 g, F: 0 g, Kh: 551 g,
kJ: 10580, kcal: 2496

Tipp:
Die Haltbarkeit wird durch die Zugabe von Blüten verkürzt. Blütengelee hübsch verpackt ist ein nettes Geschenk, z. B. zu einer Brunch-Party. Blütengelee zu hellem Fleisch reichen, z. B. Geflügel.
Bei Verwendung von Borretschblüten, Gänseblümchen oder Veilchen werden jeweils 2–3 Blüten auf eine Geleeschicht gelegt.

(Fortsetzung von Seite 82)

4. Die Zutaten unter Rühren bei starker Hitze zum Kochen bringen. Sobald alles bei ständigem Rühren sprudelnd kocht, restlichen Zucker hinzufügen.

5. Alles unter Rühren wieder zum Kochen bringen und mindestens 3 Minuten unter ständigem Rühren sprudelnd kochen lassen. Topf von der Kochstelle nehmen.

6. Kochgut eventuell abschäumen und sofort randvoll in vorbereitete Gläser füllen. Gläser mit Twist-off-Deckeln® verschließen, umdrehen und etwa 5 Minuten auf dem Deckel stehen lassen.

Blütengelee
Mit Alkohol

Zutaten:

etwa 15	Stiefmütterchenblüten (je Glas 3–4 Blüten, je nach Größe)
oder	
15	Kapuzinerkresseblüten
oder	
1 EL	Borretschblüten
oder	
1 EL	Gänseblümchen-Blüten
oder	
1 EL	Veilchen Die Blüten müssen ungespritzt sein. Sie sind erhältlich beim Gemüsehändler.
500 ml	Pfirsichsaft (Handelsware)
400 ml	Prosecco
1 Pck. (500 g)	Extra Gelier Zucker 2:1

1. Blüten waschen und auf Küchenpapier abtropfen lassen.

2. Pfirsichsaft und Prosecco in einem Kochtopf mit Extra Gelier Zucker gut verrühren. Die Zutaten unter Rühren bei starker Hitze zum Kochen bringen und mindestens 3 Minuten unter ständigem Rühren sprudelnd kochen lassen. Topf von der Kochstelle nehmen. Kochgut eventuell abschäumen.

3. Zunächst ein Viertel des Kochgutes in den vorbereiteten Gläsern verteilen und etwa 5 Minuten abkühlen lassen. Jeweils eine Blüte auf das Gelee legen, wieder ein Viertel des Kochgutes daraufgeben, etwa 5 Minuten abkühlen lassen und mit je einer weiteren Blüte belegen. So weiter verfahren, bis die Gläser randvoll sind.

4. Gläser mit Twist-off-Deckeln® verschließen, umdrehen und etwa 5 Minuten auf dem Deckel stehen lassen. Gläser während des Erkaltens gelegentlich umdrehen, damit sich die Blüten gut verteilen.

Wichtig: Die Blüten müssen ungespritzt sein. Sie sind beim Gemüsehändler oder auf dem Markt erhältlich (evtl. müssen sie vorbestellt werden).

Geschichtetes Früchtetee-Gelee

Beliebt

ergibt etwa 5 Gläser zu je 200 ml

Zubereitungszeit: 45 Minuten

Insgesamt:
E: 1 g, F: 1 g, Kh: 502 g, kJ: 8704, kcal: 2049

Zutaten:

Für den Früchtetee:

500 ml	Wasser
5 Beutel	Früchtetee, z.B. Fix Frutta von Teekanne
100 g	Heidelbeeren (vorbereitet gewogen)

Für den Orangentee:

500 ml	Wasser
5 Beutel	Rooibostee, Rotbusch Tee Orange, z. B. von Teekanne

Für das Fruchtgelee:

400 ml	Früchtetee
½ Pck. (250 g)	Dr. Oetker Extra Gelier Zucker
½ Pck.	Zitronensäure

Für das Orangengelee:

1	Bio-Orange (unbehandelt, ungewachst)
400 ml	Orangentee
½ Pck. (250 g)	Dr. Oetker Extra Gelier Zucker
½ Pck.	Zitronensäure

1. Für den Früchte- und Orangentee jeweils 500 ml (½ l) Wasser zum Kochen bringen und von der Kochstelle nehmen. Die Teebeutel jeweils hineingeben und je Teesorte 8 Minuten ziehen lassen. Die Beutel entfernen. Tee getrennt erkalten lassen.

2. Heidelbeeren verlesen, waschen und gut abtropfen lassen.

3. Für das Fruchtgelee 400 ml von dem zubereiteten Früchtetee abmessen und in einen Kochtopf (2-l-Inhalt) geben. Mit Gelier Zucker und Zitronensäure gut verrühren. Alles unter Rühren bei starker Hitze zum Kochen bringen und mindestens 2 Minuten unter ständigem Rühren sprudelnd kochen lassen. Heidelbeeren hinzufügen, wieder zum Kochen bringen und noch 1 Minute sprudelnd kochen lassen. Den Topf von der Kochstelle nehmen.

4. Kochgut eventuell abschäumen und sofort bis zur Hälfte in vorbereitete Gläser füllen. Gelee etwa 20 Minuten abkühlen lassen.

5. In der Zwischenzeit Orangen heiß abwaschen, trockenreiben, mit einem Zestenreißer die Schale abziehen oder die Orangen dünn schälen und die Schale in sehr feine Streifen schneiden. 1½ Esslöffel davon abmessen. 400 ml von dem zubereiteten Orangentee abmessen und in einen kleinen Kochtopf (2-l-Inhalt) geben. Mit Gelierzucker und Zitronensäure gut verrühren. Alles unter Rühren bei starker Hitze zum Kochen bringen und mindestens 2 Minuten sprudelnd kochen lassen. Orangenschale hinzufügen, wieder zum Kochen bringen und noch 1 Minute sprudelnd kochen lassen. Den Topf von der Kochstelle nehmen.

6. Kochgut eventuell abschäumen und vorsichtig in die Gläser auf das Früchtetee-Gelee geben (am besten die Flüssigkeit über einen Löffelrücken laufen lassen), bis die Gläser randvoll sind.

7. Gläser mit Twist-off-Deckeln® verschließen und erkalten lassen. Nicht stürzen, sonst laufen die Gelees ineinander.

Tipp:
Statt Heidelbeeren können auch 100 g vorbereitete, rote Johannisbeeren verwendet werden. Das Gelee eignet sich zur Füllung von Kleingebäck.

Gelee

Brombeer-Limetten-Gelee (Foto)

Frisch – fruchtig

ergibt 4–5 Gläser zu je 200 ml

Zubereitungszeit: 45 Minuten, ohne Abkühlzeit

Insgesamt:
E: 8 g, F: 6 g, Kh: 445 g,
kJ: 8159, kcal: 1948

Zutaten:

1100 g	Brombeeren (ergibt etwa 650 ml Saft)
3	Bio-Limetten (unbehandelt, ungewachst)
400 g	Zucker
1 Beutel (25 g)	Gelfix Extra 2:1

1. Brombeeren verlesen, evtl. abspülen und abtropfen lassen. Limetten heiß abwaschen und abtrocknen. Eine Limette dünn schälen. Limettenschale zu den Brombeeren geben.

2. Brombeeren im Schnellkochtopf oder Dampfentsafter entsaften (Gebrauchsanleitung des Geräteherstellers beachten), 650 ml abmessen.

3. Von den restlichen Limetten die Schale mit einem Zestenreißer in Streifen abschälen. Alle Limetten auspressen, 100 ml Saft abmessen und mit dem Brombeersaft in einen großen Kochtopf geben. Zucker mit Gelfix Extra mischen und mit dem Fruchtsaft verrühren.

4. Alles unter Rühren bei starker Hitze zum Kochen bringen und mindestens 3 Minuten unter ständigem Rühren sprudelnd kochen lassen. Topf von der Kochstelle nehmen.

5. Kochgut eventuell abschäumen, Limettenstreifen unterrührren und sofort randvoll in vorbereitete Gläser füllen. Gläser mit Twist-off-Deckeln® verschließen, umdrehen und etwa 5 Minuten auf dem Deckel stehen lassen.

6. Gläser während des Erkaltens gelegentlich umdrehen, damit sich die Limettenschalen gleichmäßig verteilen.

Tipp:
Sie können die Limetten auch dünn schälen und die Schalen in feine Streifen schneiden. Das Gelee eignet sich gut als Füllung für Crêpes und Pfannkuchen.

Brombeergelee

Klassisch

ergibt 4–5 Gläser zu je 200 ml

Zubereitungszeit: 45 Minuten

Insgesamt:
E: 10 g, F: 8 g, Kh: 1030 g,
kJ: 18130, kcal: 4331

Zutaten:

1500 g	Brombeeren (vorbereitet gewogen)
1 Beutel (20 g)	Gelfix Classic 1:1
1000 g	Zucker

1. Brombeeren verlesen, entstielen, evtl. abspülen, abtropfen lassen und abwiegen.

2. Brombeeren im Schnellkochtopf oder Dampfentsafter entsaften (Gebrauchsanleitung des Geräteherstellers beachten), 850 ml Saft abmessen.

3. Den abgemessenen Saft in einen großen Kochtopf geben. Gelfix Classic zuerst mit 2 Esslöffeln der Zuckermenge mischen und dann mit dem Fruchtsaft verrühren.

4. Die Zutaten unter Rühren bei starker Hitze zum Kochen bringen. Sobald alles bei ständigem Rühren sprudelnd kocht, restlichen Zucker hinzufügen.

5. Alles unter Rühren zum Kochen bringen und mindestens 3 Minuten unter ständigem Rühren sprudelnd kochen lassen. Topf von der Kochstelle nehmen.

6. Kochgut eventuell abschäumen und sofort randvoll in vorbereitete Gläser füllen. Gläser mit Twist-off-Deckeln® verschließen, umdrehen und etwa 5 Minuten auf dem Deckel stehen lassen.

ergibt etwa 5 Gläser
zu je 200 ml

Zubereitungszeit: 30 Minuten, ohne Abkühlzeit

Insgesamt:
E: 0 g, F: 0 g, Kh: 602 g, kJ: 10481, kcal: 2473

Tipp:
Kräutergelee zu Käse, z. B. Brie-Käse oder italienischen Weichkäse reichen.
Die Haltbarkeit des Gelees wird durch die Zugabe der Kräuter verkürzt.

Kräutergelee
Raffiniert

Zutaten:

1	Bio-Zitrone (unbehandelt, ungewachst)
1 Zweig	Rosmarin
1 Zweig	Zitronenthymian
1 Zweig	Salbei
1 Zweig	Basilikum
1000 ml (1 l)	Apfelsaft (Handelsware)
1 Pck. (500 g)	Extra Gelier Zucker 2:1
1 Pck. (5 g)	Zitronensäure
5 kleine	Salbeiblättchen
4	Basilikumblättchen
2 Zweige	Zitronenthymian
1 Zweig	Rosmarin

1. Bio-Zitrone heiß abwaschen und abtrocknen. Ein Viertel der Schale mit einem Messer dünn abschälen. Kräuterzweige abspülen und trockentupfen.

2. Apfelsaft mit gut der Hälfte der Zitronenschale (restliche Schale beiseitelegen) und den Kräuterzweigen in einem Topf zum Kochen bringen und bei mittlerer Hitze etwa 10 Minuten kochen lassen. Topf von der Kochstelle nehmen. Kräuter-Apfel-Flüssigkeit erkalten lassen.

3. Anschließend durch ein Sieb in einen Topf gießen und 900 ml abmessen.

4. Die abgemessene Kräuter-Apfel-Flüssigkeit mit Extra Gelier Zucker und Zitronensäure in einen Kochtopf geben und gut verrühren. Beiseite gelegte Zitronenschale in 5–6 Stücke schneiden und unterrühren. Die Zutaten unter Rühren bei starker Hitze zum Kochen bringen und mindestens 2 Minuten unter ständigem Rühren sprudelnd kochen lassen.

5. Kräuterblättchen und -zweige abspülen, trockentupfen (Zitronenthymian- und Rosmarinzweige eventuell etwas zerkleinern), hinzufügen und 1 Minute sprudelnd mitkochen lassen. Topf von der Kochstelle nehmen.

6. Kochgut eventuell abschäumen und sofort randvoll in vorbereitete Gläser füllen. Darauf achten, dass in jedem Glas jeweils 1 Stück Zitronenschale und unterschiedliche Kräuter sind.

7. Gläser mit Twist-off-Deckeln® verschließen, umdrehen und etwa 5 Minuten auf dem Deckel stehen lassen.

8. Gläser während des Erkaltens gelegentlich umdrehen, damit sich die Zitronenschale und die Kräuter gut verteilen.

ergibt 5–6 Gläser
zu je 200 ml

Zubereitungszeit: 45 Minuten

Insgesamt:
E: 0 g, F: 0 g, Kh: 1013 g,
kJ: 17283, kcal: 4131

Ingwergelee
Zum Verschenken

Zutaten:

150 g	Ingwerwurzel (vorbereitet gewogen)
1 große	Bio-Orange (unbehandelt, ungewachst)
800 ml	Wasser
1–2	große Orangen
1 Beutel (20 g)	Gelfix Classic 1:1
1000 g	Zucker

1. Ingwerwurzel schälen, in feine Streifen schneiden, 150 g abwiegen und in einen Kochtopf geben.

2. Bio-Orange waschen, abtrocknen und die Schale dünn abschälen. Orangenschale, Ingwerstreifen und Wasser in einen Topf geben, zum Kochen bringen und zugedeckt etwa 30 Minuten kochen lassen (es darf kein Dampf entweichen). Die Ingwerflüssigkeit in ein Sieb geben und die Flüssigkeit dabei auffangen, 2 Esslöffel Ingwerstreifen aus dem Sieb nehmen und beiseite stellen.

3. Alle Orangen auspressen, 200 ml Saft abmessen, mit der Ingwerflüssigkeit auf 850 ml auffüllen.

4. Gelfix Classic zuerst mit 2 Esslöffeln von der abgewogenen Zuckermenge mischen, dann mit der abgemessenen Ingwer-Orangen-Flüssigkeit und den Ingwerstreifen verrühren.

5. Die Zutaten unter ständigem Rühren bei starker Hitze zum Kochen bringen. Sobald alles bei ständigem Rühren sprudelnd kocht, restlichen Zucker hinzufügen. Alles unter Rühren wieder zum Kochen bringen und mindestens 3 Minuten unter ständigem Rühren sprudelnd kochen lassen. Topf von der Kochstelle nehmen.

6. Das Kochgut eventuell abschäumen und sofort randvoll in vorbereitete Gläser füllen. Gläser mit Twist-off-Deckeln® verschließen, umdrehen und etwa 5 Minuten auf dem Deckel stehen lassen.

Kapitelregister

Konfitüre

Marmelade

Gelee

Alphabetisches Register

Umwelthinweis Dieses Buch und der Einband wurden auf chlorfrei gebleichtem Papier gedruckt. Die Einschrumpffolie – zum Schutz vor Verschmutzung – ist aus umweltfreundlichem und recyclingfähigem PE-Material.

Wenn Sie Anregungen, Vorschläge oder Fragen zu unseren Büchern haben, rufen Sie uns unter folgender Nummer an 0521 155-2580 oder 5206 50
oder schreiben Sie uns:
Dr. Oetker Verlag KG, Am Bach 11, 33602 Bielefeld
oder besuchen Sie uns im Internet unter www.oetker.de.

Redaktion Carola Reich, Annette Riesenberg, Ines Rascher

Titelfoto Thomas Diercks, Hamburg
Innenfotos Ulli Hartmann, Bielefeld (S. 48)
Kramp & Gölling, Hamburg (S. 34, 44)
Christiane Krüger, Hamburg (S. 4, 11, 13, 15, 21–25, 29, 31, 35, 37, 45, 47, 51, 55, 57, 59, 67, 71, 73, 79, 81, 84, 85–89, 91, 93)
Bernd Lippert (S. 22, 24, 43, 74, 75, 76)
Christiane Pries, Borgholzhausen (S. 69)
Axel Struwe, Bielefeld (S. 12, 14, 18, 19, 26, 27, 32, 33, 36, 38, 39, 40, 41, 50, 52, 61, 62, 63, 65, 77, 78, 80, 82, 83)
Norbert Toelle, Bielefeld (S. 6, 8, 53)
Brigitte Wegner, Bielefeld (S. 6, 16, 17, 49, 54)

Rezeptentwicklung und -beratung Anke Rabeler, Berlin
Eike Upmeier-Lorenz, Hamburg
Mechthild Plogmaker, Dr. Oetker Versuchsküche, Bielefeld

Nährwertberechnungen Nutri Service, Hennef

Wir danken für die freundliche Unterstützung Gläser und Flaschen, Berlin

Grafisches Konzept kontur:design, Bielefeld
Gestaltung kontur:design, Bielefeld
Titelgestaltung kontur:design, Bielefeld

Reproduktionen Meyle & Müller GmbH & Co. KG, Pforzheim
Satz JUNFERMANN Druck & Service, Paderborn
Druck und Bindung Mohn media Mohndruck GmbH, Gütersloh

ISBN 978-3-7670-0808-3